थोड़ा-सा उजाला

कोरोना प्रकोप के दौरान : कविताएँ और टिप्पणियाँ

2020

थोड़ा-सा उजाला

कोरोना प्रकोप के दौरान : कविताएँ और टिप्पणियाँ

2020

अशोक वाजपेयी

वाणी प्रकाशन

वाणी प्रकाशन

4695, 21-ए, दरियागंज, नयी दिल्ली 110 002

फ़ोन : +91 11 23273167 फ़ैक्स :+91 11 23275710

शाखाएँ

अशोक राजपथ, पटना 800 004, बिहार

कॉफ़ी हाउस कैम्पस, महात्मा गाँधी मार्ग, इलाहाबाद 211 001, उत्तर प्रदेश

महात्मा गाँधी अन्तरराष्ट्रीय हिन्दी विश्वविद्यालय, वर्धा 442 001, महाराष्ट्र

सुल्तानिया रोड, मोतिया पार्क, भोपाल 462 001, मध्य प्रदेश

www.vaniprakashan.com
marketing@vaniprakashan.in
sales@vaniprakashan.in

THODA-SA UJAALA
by Ashok Vajpeyi

ISBN : 978-81-949398-1-8
Poetry/Essay

प्रथम संस्करण 2021

मूल्य : ₹ 595

शिव शक्ति प्रिंटर्स, दिल्ली-110 095 में मुद्रित

वाणी प्रकाशन का लोगो मक़बूल फ़िदा हुसेन की कूची से

उन सबके नाम

जिन्होंने बढ़ते-गहराते अँधेरों में

थोड़ा-सा सही

उजाला रचा और बचाया है

अनुक्रम

कविताएँ

टिप्पणियाँ

कविताएँ

हम अपना समय लिख नहीं पायेंगे

हम अपना समय लिख नहीं पायेंगे :
यह ठहरा हुआ निर्जन समय
जिसमें पक्षी और चिड़ियाँ तक चुप हैं,
जिसमें रोज़मर्रा की आवाज़ नहीं सिर्फ़ गूँज भर हैं।
जिसमें प्रार्थना, पुकार और विलाप सब मौन में बिला गये हैं,
जिसमें संग-साथ कहीं दुबका हुआ है,
जिसमें हर कुछ पर चुप्पी समय की तरह पसर रही है,
ऐसे समय को हम कैसे लिख पायेंगे?
पता नहीं यह हमारा समय है
या हम किसी और समय में बलात् आ गये हैं
इतना सपाट है यह समय
कि इसमें कोई सलवट, परत, दरार नज़र नहीं आती
और इससे भागने की कोई पगडण्डी तक नहीं सूझती।
हम अपना समय लिख नहीं पायेंगे।

यह समय धीरे चल रहा है
लगता सब घड़ियों ने विलम्बित होना ठान लिया है;
बेमौसम हवा ठण्डी है;
यों वसन्त है और फूल खिलखिला रहे हैं
मानो हमारे कुसमय पर हँस रहे हों
और गिलहरियाँ तेज़ी से भागते हुए

मुँह चिढ़ाती पेड़ों या खम्भों पर चढ़ रही हैं;
अचानक कबूतर कुछ कम हो गये हैं जैसे
दिहाड़ी मज़दूरों की तरह अपने घर-गाँव वापस
जाने की दुखद यात्रा पर निकल गये हों :
हमें इतना दिलासा भर है कि
अपने समय में भले न हों, हम अपने घर में हैं।

उम्मीद किसी कचरे के छूट गये हिस्से की तरह
किसी कोने में दुबकी पड़ी है
जो आज नहीं तो कल बुहार कर फेंक दी जायेगी।
हम अपना समय लिख नहीं पायेंगे।

29 मार्च 2020

पृथ्वी का मंगल हो

सुबह की ठण्डी हवा में
अपनी असंख्य हरी रंगतों में
चमक-काँप रही हैं
अनार-नीबू-नीम-सप्तपर्णी-शिरीष-बोगेनबेलिया-जवाकुसुम-सहजन
की पत्तियाँ :
धूप उनकी हरीतिमा पर निश्छल फिसल रही है
मैं सुनता हूँ उनकी समवेत प्रार्थना :
पृथ्वी का मंगल हो।
एक हरा वृन्दगान है विलम्बित वसन्त के उकसाये,
जिसमें तरह-तरह के नामहीन फूल
स्वरों की तरह कोमल आघात कर रहे हैं :
सब गा-गुनगुना-बजा रहे हैं
स्वस्तिवाचन पृथ्वी के लिए

साइकिल पर एक लड़की लगातार चक्कर लगा रही है—
खिड़कियाँ-बालकनियाँ खुली हैं पर निर्जन,
एकान्त नये नीरभ्र नभ की तरह
सब पर छाया हुआ है—
पर धीरे-धीरे बहुत धीमे बहुत धीरे
एकान्त भी गा रहा है पृथ्वी के लिए मंगलगान।

घरों पर, दरवाज़ों पर
कोई दस्तक नहीं देता—
पड़ोस में कोई किसी को नहीं पुकारता,
अथाह मौन में सिर्फ़ हवा की तरह अदृश्य
हलके से धकियाता है हर दरवाज़े, हर खिड़की को
मंगल आघात पृथ्वी का।

इस समय यकायक बहुत सारी जगह है
खुली और ख़ाली
पर जगह नहीं है संग-साथ की, मेलजोल की,
बहस और शोर की, पर फिर भी
जगह है : शब्द की, कविता की, मंगलवाचन की।

हम उन्हीं शब्दों में, कविता के सूने गलियारे से
पुकार रहे हैं, गा रहे हैं,
सिसक रहे हैं
पृथ्वी का मंगल हो, पृथ्वी पर मंगल हो।
पृथ्वी ही दे सकती है
हमें
मंगल और अभय
सारे प्राचीन आलोकों को सम्पुंजित कर
नयी वत्सल उज्ज्वलता
हम पृथ्वी के आगे प्रणत हैं।

6 अप्रैल 2020

क्या?

क्या उत्तर दोगे तुम
जब वे पूछेंगे कि वह नीली आभा कहाँ गयी?
कहाँ गया वह मांसल लाल
कहाँ वह हरियायी पीतिमा?

कैसे कहोगे तुम
कि शब्दों में बँट नहीं पाया
वह हलका हरा अँधेरा,
वह ओस की बूँद पर एक पल को चमकी धूप,
वह शहर छोड़कर भूखे भागते आदमी का लाचार चेहरा,
वह सब कुछ से बेख़बर हवा में फुदकती चिड़िया की चहचहाहट
की स्वरलिपि?

क्या होगा तुम्हारे पास अभी भी बचा
जब तुम लौटोगे भाषा की घाटियों में
जो हरा-भरा हो और जीवन से भरपूर?

6 अप्रैल 2020

पाँच छोटी कविताएँ

एक

भोर की पहली चिड़िया बोल रही है
अभी भी बचे हुए अँधेरे को चीरती हुई
भोर को पता नहीं।

दो

निर्जन में आवाज़ें हैं
शब्द नहीं हैं, लोग नहीं हैं
नियत समय पर फिर भी हो रहा है
सबेरा।

तीन

शायद अँधेरे को पता होता है
कि उसे बीत जाना है
शायद प्रकाश को ख़बर होती है
कि उसका अवसर आयेगा
शायद हम ही हैं
जो बीतने और होने के बीच फँसे हैं।

चार

चिड़िया ने कुछ कहा नहीं है
उसे किसी ने कुछ बताया नहीं है
चुपचाप चिड़िया भोर ले आयी है
अपने नन्हे पंखों पर।

पाँच

हमारे बिना जाने कुछ-कुछ छूटता रहा है :
बचपन के पहले राग-बिम्ब,
रात की ट्रेन में चुपचाप कम्बल उढ़ानेवाले व्यक्ति का चेहरा,
सुबह याद न आनेवाली ललित की प्रसिद्ध बन्दिश,
पिछले वर्ष शिरीष से झरे ढेर सारे फूलों का दिन :
कुछ-कुछ छूटता रहता है...

7 अप्रैल 2020

एक दीवार है

एक दीवार है
उसमें एक दरवाज़ा है
वह बन्द है इसलिए दीवार ही लगता है।
दीवार जब थक कर या ऊब कर
कुछ साँस लेना चाहती है
तो दरवाज़ा खुलता है :
कभी अन्दर की ओर, कभी बाहर की ओर
पर जल्दी ही फिर बन्द और दीवार हो जाता है।

दीवार चुप्पी है और दरवाज़ा आवाज़।

दीवार सपना देखती है दरवाज़ा हो जाने का।
दरवाज़ा सोचता है, वह दीवार में ही क्यों है?

जून 2020

पृथ्वी का रोज़नामचा

आजकल पृथ्वी का रोज़नामचा कौन लिखता होगा?
कोई सूख गयी नदी की रेत,
किसी पर्वत पर नुचे हुए केशों की तरह बचे वृक्ष,
कोई जाल में फँस गयी मछली की आख़िरी थरथराहट?
निर्जन सड़कें, बन्द घर,
किलकारी मारने से सहमती बच्चियाँ,
हर दिन फाका करने को विवश विधवाएँ?
पृथ्वी का रोज़नामचा आजकल कौन लिखता होगा?

क्या है पृथ्वी की भाषा, उसकी वर्णमाला?
अन्याय, अत्याचार, हिंसा, बलात्कार के बीच
कैसे बचती है उसकी कोई इबारत सही-सलामत?

कहाँ रखती है पृथ्वी अपनी स्वस्तिकामनाएँ?
कहाँ छुपाती है अपने विलाप?
कहाँ छोड़ देती है अपनी हँसी?
कहाँ आकाशगंगाओं के तुमुल में
खोजती है अपना मंगल?

कहाँ सिमटा हुआ है उसका प्रेम,

कहाँ दुबकी हुई हैं उसकी प्रार्थनाएँ,
कहाँ उसका क्षत-विक्षत मंगल?
कहाँ?

15 जून 2020

आँगन में

आँगन में एक कोने में
हरसिंगार का एक वृक्ष :
तब कभी नहीं लगा कि
उसके हलके नारंगी फूल
जो सुबह नीचे की जगह में बिछ जाया करते थे
किसी पूर्वज भाषा की
एक बिखरी वर्णमाला थे—

गरमियों में हम सबके
काका-दिदिया और सब बच्चों के बिस्तर
आँगन में :
हम सोते हुए सपने देखते थे
जिनमें पूर्वज कभी शायद ही आते या बोलते हों—

आँगन पर रात में
हमारे बिना जाने या देखे
पूर्वज पहरा देते थे
हमें दुस्स्वप्नों से बचाते हुए—

जैसे पानी के गिलास हम रखते थे
खटियों के नीचे

और नींद में भूल जाते थे
वैसे ही आँगन
हम अपने जीवन में भूल गये–

उस किराये के मकान में
पूर्वज आकर हरसिंगार के फूलों की तरह
मुरझा गये :
अब अपने घर में आँगन नहीं है।

19 जून 2020

पुकार सिसकी प्रार्थना

एक पुकार है

घरों के बीच की सँकरी गली से
उठती है एक पुकार
गुलमोहर और सप्तपर्णी वृक्षों को छूती हुई
जिसे कोई नहीं सुनता,
न कोई उत्तर देता है–
पुकार हवा की तरह
हम सबको छूकर दूर चली जाती है
और हमें बाद में पता चलता है
कि किसी ने शायद हमें ही पुकारा था।
क्या कभी धरती ऐसे पुकारती है?

एक सिसकी है

एक सिसकी है पता नहीं किसकी
जो खिड़की के नीचे छाया में बैठे कबूतर जोड़े को
हलके से दुलराती हुई
ठिठक जाती है अधर में
असमंजस में कि कहाँ जाये :
हमें सुनायी नहीं देती
और पास के मन्दिर के शिखर को छूती हुई

वह दूर चली जाती है–
क्या कोई सपना कहीं विलाप कर रहा है?

एक प्रार्थना है

एक प्रार्थना मँडरा रही है
अबाबील की तरह
उस देवता को खोजती हुई
जिसे वह सम्बोधित है–
पृथ्वी पर मंगल लानेवाला देवता
कहाँ ओझल हो गया :
एक लापता प्रार्थना किस ठौर जाये?
कहाँ है ठिकाना मंगल का,
उसके सहमे देवता का?

23-24 जून 2020

वे आ सकते हैं

वे कभी भी आ सकते हैं
मुस्तण्ड, भयावने
लाठी भाँजते हुए भक्ति की
बुलन्द आवाज़ में तहक़ीक़ात करने।

यह पूछने कि तुम क्या कर रहे हो,
पता है तुमको, तुम क्या कर रहे हो?
तुम अपनी सहमती-लड़खड़ाती आवाज़ में कहोगे :
मैं समझा नहीं, आप क्या पूछ रहे हैं?
वे तुम्हारी मुश्कें बाँध देंगे और कहेंगे :
हम बताते हैं हम क्या पूछ रहे हैं?
वे तुम्हारी पीठ पर कसकर एक मुक्का मारेंगे
इतना ज़बरदस्त कि तुम्हारी बत्तीसी बाहर आने को होगी।
तुम, फिर भी, रिरियाती आवाज़ में कहोगे :
"मुझे जो दिखायी देता है उसी का बखान कर रहा हूँ।"
उनमें से एक, जो नाटा पहलवान लगता है, कहेगा :
"तुमको यह बखान करने का काम किसने सौंपा?"
तुम मानोगे—"किसी ने नहीं, मैं कवि हूँ—
मेरा काम है गवाही देना।"
उनमें से एक दहाड़ेगा तब तक तमाशबीनों की जुट गयी भीड़ देखकर
"तुम्हें गवाही देने किसने बुलाया?"

बहुत धीमी आवाज़ में तुम कहोगे—"भाषा ने।"
उनमें से दूसरा, जो अब तक चुप और निष्क्रिय है, बरसेगा :
"तुम्हारी भाषा की ऐसी की तैसी।
भक्ति, जयकार, विजय,
क्या ये शब्द तुम्हारी भाषा में नहीं हैं—?"
तुम हिम्मत बटोरकर कहोगे : "भाषा में तो हैं
पर मेरी भाषा में नहीं।"
तुम्हारी भाषा गटर के क़ाबिल है—कहकर
वे तुम्हें गटर में ढकेल कर चले जायेंगे।
वे आ सकते हैं—कभी भी।

27 जून 2020

निर्जन में

एक

इस शान्ति को भंग करती है
एक अनाम चिड़िया की चहचहाहट असमय,
दौड़कर चढ़ जाती है एक गिलहरी
एक पेड़ पर बेपरवाह—
भाषा के निर्जन में
कविता एक मौन मार्ग है।

दो

क्या ईश्वर अपने जनाक्रान्त संसार को
इस समय
चुप्पी और डर में फँसे देखकर
दुखी होता है?
क्या उसकी खिड़की
या उसका दरवाज़ा
या उसका पथराया हुआ हृदय
अभी खुले हैं?

तीन

इस निर्जन का संगीत कहाँ झंकृत होता है?
मौन की कौन-सी स्वरावली
निर्जन को अपने में समोती है?
किस को फुरसत है कि
दो पल ठहरकर निर्जन की स्वरलिपि बूझे!

चार

निर्जन में झूठ ऐसे दमकता है जैसे सच हो
सच ऐसे दुबकता है जैसे झूठ हो।

पाँच

निर्जन में समय सघन है
धीमा है—उसको अब कोई हड़बड़ी नहीं है :
वह समय है
अथक प्रतीक्षा कर सकता है।

छः

निर्जन में काल कहाँ टहलता है?
किस चौराहे पर दबोचता है समय को?
भाषा निर्जन में, फिर भी, कैसे बची रहती है
जैसे कि जीवन हो, काल का प्रत्याख्यान?

सात

रोज़मर्रा की खटर-पटर
ऊपर के फ़्लैट में फ़र्नीचर की घसीट
कभी-कभार चिड़ियों की धीमी-सी चहचहाहट

सब कुछ सुनायी देता है—
सुनायी क्यों नहीं देती
ईश्वर की सिसकी?
क्यों लगता है कि आकाशगंगाओं के पार
श्याम विवर में
आकाशों की किन्हीं अँधेरी परतों में
असंख्य सूर्यों के तमतमाते आलोक में
ईश्वर दुबका सिसक तो रहा होगा?
सुनायी क्यों नहीं देती
ईश्वर की सिसकी?

आठ

उसकी बहुत ऊँची खिड़की नहीं खुलती
न खुलता है उसका भारी-भरकम दरवाज़ा
वह अपने अभेद्य दुर्ग में टहलता है
अपनी दीवारों से घिरा—
उसका कोई आँगन है इसका पता नहीं—
प्रार्थनाएँ, विलाप, चीख, सिसकियाँ
सब उसकी दीवार से टकराकर
बिखर जाते हैं
पक्षियों के नुचे पंखों की तरह।

6-15 जुलाई 2020

प्राचीन जापानी-चीनी कविता की याद में

एक

चाँदनी में सिलवट पड़ गयी है
कौन सपना सोता रहा है
रात भर इस बिछौने पर?

दो

वह पतझरी नहीं
तेज़ हवा और बारिश में
गिर पड़ी टूटकर असमय।

तीन

पत्तियों की ओट से
झाँकता है अधखिला फूल,
धूप पूरी खिली है।

चार

धूप को कहाँ पता है
कि वह खिड़की से होकर
जिस फ़र्श पर है कुछ देर
वह किसी का घर है?

पाँच

बरगद के नीचे चबूतरे पर
रेंगता कीड़ा सिर उठाकर
देखता है : एक पत्ता और गिरा!

छः

हरे पत्तों की एक शाखा पर
एक पीली चिड़िया
सूर्यास्त अपनी लालिमा समेट रहा है।

सात

उड़ना, फुदकना, चहचहाना
क्या इतने ही काम हैं
दारुण ग्रीष्म में गौरैया के पास?

आठ

आकाश कुछ अधिक नीला है
धूप कुछ अधिक चटक
वह कुछ अधिक अकेला।

नौ

शब्द चोंच में पकड़कर उड़ा ले गयी चिड़िया
फिर यह फूल
उसी जगह कैसे खिल आया?

दस

सब कुछ धीरे-से आता है
इस उमस में
अकस्मात् कहीं दूर से एक शिशु-विलाप।

ग्यारह

हरी घास पर
एक भूरे-सफ़ेद पंख के पास
एक गुलाबी पंखुरी।

बारह

एक नन्हा-सा द्वार है
जिसे ठेलती है हवा
गन्ध का द्वार खुलता है।

तेरह

बुद्ध की प्रतिमा पर गिरती हैं
सूखी पत्तियाँ, धूप और ओस
बुद्ध की प्रतिमा पर
गिरता है अभय।

चौदह

इल्ली धीरे-धीरे पत्तियों को कुतर रही है
एक तितली हवा में मँडरा रही है
हरापन, फिर भी, निडर खिल रहा है।

पन्द्रह

निबोलियाँ पककर गिर रही हैं
जासौन खिलने में संकोच कर रहा है
उजली लालिम मालती प्रसन्न खिलखिला रही है
बारिश का दिन होनेवाला है।

सोलह

एक शब्द कौंधा मौन में
एक फूल अचानक खिला
दोनों अनछुए कुम्हला गये।

सत्ररह

दृश्य को देखते हैं नेत्र
शब्द देखते हैं अदृश्य को
नेत्र जब देखते हैं शब्द को
तो दृश्य के आकाश में आ जाता है
अदृश्य भी।

16-17-18 जुलाई 2020

कितनी जगह?

कितनी जगह होगी इतिहास में
मृतकों से पटे इतिहास में
हत्यारों के लिए,
जिन्हें भक्ति और घृणा के अलावा
कुछ भी सक्रिय नहीं करता—

कहाँ लिखे होंगे उनके नाम
सरकारी रजिस्टरों, दूकानों के उधार खातों के अलावा;
क्या चित्रगुप्त में उनके नाम दर्ज़ करने का धीरज होगा?

कौन वंशधर याद करेगा
उनके रक्तरंजित नामों को पितृपक्ष में?

मृत्यु के बीहड़ जंगल में
किसी कोने में कचरे की तरह
जमे होंगे वे—
जहाँ उनके परिजन भी
उनके पास जाने से संकोच करेंगे!

25 जुलाई 2020

पुरखे

कैसे जूझे होंगे वे
अपने समय की महामारियों से
और बच गये होंगे अपनी जिजीविषा में अक्षत?

कैसे उन्होंने बचायी होगी अपनी आस्था
देवताओं के लगातार किये जाते विश्वासघातों के बावजूद?

कैसे राजापुर-गढ़ेवा में अपने खेतों को जोतते-जुतवाते
उन्होंने वेदान्त की सूक्ष्मताओं पर सोचा होगा?

कैसे उन्होंने सहायता की होगी औरों की
इस यक़ीन के रहते कि वे मौक़ा आने पर
उनकी पीठों पर छुरे भौंकेंगे?

कैसे उन्होंने दबाया होगा अपने विषाद को
नाती-पोतियों की चपल मुस्कुराहटों में?

कैसे वे अन्ततः मनुष्य बने रहे होंगे
चारों ओर बढ़ती विकराल पाशविकता के बावजूद?
कैसे?

27 जुलाई 2020

संसार के नाम

मैं संसार के नाम एक पत्र लिखना चाहता हूँ
फिर ख़याल आता है
संसार को उसे पढ़ने, उसका उत्तर देने की
फुरसत कहाँ होगी!
तब क्या बेफुरसत संसार के बजाय
किसी और को लिखूँ?
इस बारिश को जो इतने दिन तरसाने के बाद
आज हिचक-हिचक कर हो रही है
उमस को बढ़ाते हुए?
उसे शब्दों की क्या परवाह या जानकारी,
उसका गिरना भर फ़िलवक़्त उसके लिए काफ़ी है।
इन दुबलाती बिल्लियों के नाम
जो खाने की तलाश में
हमारी इमारत की सीढ़ियों पर दुबकी लाचार
छुपी होती हैं—
उन्हें भोजन चाहिए, कविता के शब्द नहीं।
इस बार उस गुलमोहर के नाम
जिसमें फूल नहीं आये और बालकनी से दिखता है
स्थितप्रज्ञ?
उसे रसायन तो चाहिए जो खिला सके
कविता उसके किस काम की होगी?

उस मौन को सम्बोधित करूँ
जो सब पर छा गया है
पर जिसे शब्दों से खण्डित करना अभद्र लगेगा।

लिखूँ बारहवीं शताब्दी एक अनाम पुरखे के नाम
जिसने अपने वंश में किसी कवि के होने की कल्पना न की होगी
पर जिसे यह जानकर बुरा न लगेगा
कि बेहद डरे और डरपोक समय में उनका एक वंशधर
कविता में दर्ज़ कर रहा था
कुछ लोगों का थोड़ा-बहुत मनुष्य बने रहना।

13 अगस्त 2020

नहीं था

वापस लौटने का कोई पता मेरे पास नहीं था :
न कुछ याद था गुलमोहर को,
गिलहरी कुतर चुकी थी उसे बिना जाने
और सीढ़ियों को वैसे भी कोई ख़बर नहीं थी।

न आकाश पर लिखी कोई इबारत
तारे पढ़ सकते थे, न नक्षत्र
और हरीतिमा के व्याकरण में
शब्द के लिए जगह न थी।

बादलों के बीच से झाँकते सूर्य को
इसकी कोई परवाह न थी
और हवा में सब कुछ उड़ गया था।

वापस लौटने का कोई पता मेरे पास नहीं था :
न उस घर का नम्बर याद था,
न सड़क, न उस पर चमकती बत्तियाँ,
हर दरवाज़ा सख़्ती से बन्द था :
सड़क बिल्कुल निर्जन,
अँधेरा हर जगह फैला था समय की तरह।

मैं दस्तक देने से भी डरा
हालाँकि चौकीदार सब सो रहे थे।
मौन एक नीमरोशन गली था
जिसके मोड़ पर कोई खड़ा था :
मुझमें इतनी हिम्मत तक बाक़ी नहीं थी
कि उसके हाथ कविता का लिफ़ाफ़ा थमाकर
तेज़ी से भाग जाऊँ।

वापस लौटने का कोई पता मेरे पास नहीं था।

14 अगस्त 2020

दो छोटी कविताएँ

एक

अब भी कहीं काँपती होगी दिये की लौ
अब भी कहीं देवल में होती होंगी झिलमिल परछाइयाँ
अब भी कहीं गुमसुम देवता करता होगा मूक विलाप—

दो

ईश्वर के आँगन में क्या हरी घास का कोई आयत है?
क्या उसकी खिड़की पर नक्षत्रों का झिलमिल परदा लगा है?
क्या कोई प्रार्थनाघर है उसके अभेद्य दुर्ग में
जहाँ वह कभी-कभार अपनी प्रजा की स्वस्तिकामना करता है?

15 अगस्त 2020

तीन छोटी कविताएँ

ऐसा कोई?

ऐसा कोई बादल क्यों नहीं है
जो ढाँप ले इस अन्तहीन दुख को?
ऐसी कोई बारिश क्यों नहीं है
जिसमें घुल जाये यह नीरव विलाप?
ऐसी कोई हरीतिमा क्यों नहीं है
जो खिल जाये चुपचाप
शब्दों के बीच के अवसन्न मौन पर?

जाना

मैं घरबन्द हूँ, कहीं नहीं जा रहा हूँ?
मैं शब्द-खुला हूँ, कहाँ-कहाँ जा रहा हूँ।
मैं मौन-घिरा हूँ,
पता नहीं किस सुनसान में अपने शब्द
जमा किये जा रहा हूँ।

धीरे-धीरे

धीरे-धीरे लोग वापस आ जायेंगे
धीरे-धीरे भाषा सुन्दर बनायेगी संसार को
संज्ञाओं से नहीं क्रियाओं से—
धीरे-धीरे कविता को
शायद क्रियाविशेषण हो जाना चाहिए।

24 अगस्त 2020

उजाले की इबारत

अपनी आयु की ढलती दीवार में अब भी बचे हुए एक आले में
एक दिया रखता हूँ घिरते अँधेरे में टोहते हुए
और पुकारता हूँ :
सकल ब्रह्माण्ड के नक्षत्रों और तारों के धीमे आलोक को
जंगलों में पेड़ों पर बारिश की तरह झर रहे जुगनुओं की रोशनियों को
घरों में अब भी सुलग रही चूल्हों की आत्मीय लौ की उज्ज्वलता को
पार्क में खेल रहे बच्चों की आँखों की असंख्य चमकों को
अनन्त में विलीन हो चुके कवियों के शब्दों और कविताओं में अब भी
बची दीप्तियों को

पड़ोसों में बसी सहज आभाओं को
काम से थककर सोयी हुई स्त्रियों के माथों पर बची गरहमाहट को
जड़ों में कुनमुनाते बीजों के विस्मित प्रस्फुटन की दिव्यता को—
मैं सबको पुकारता हूँ कि इस भयानक अँधेरे में
मेरा यह छोटा-सा दिया जलायें।

मेरी पुकार गगन मण्डल के बीच एक आवाज़ भर है
जिसे देवता अनसुनी करते हैं
अँधेरों का निज़ाम ज़्यादा सख़्त है
उजाले की दस्तक सुनायी तक नहीं देती
उजालों, सपनों पर निगरानी का समय है।

फिर भी उजाले आते हैं अपने को बचाते हुए
झाड़-झंखाड़ को हटाते हुए
श्वेत अश्व पर नहीं पर लोगों के झुके कन्धों पर
उजाले आते हैं।
कविताओं के शब्दों के बीच के मौन को अपना घर बनाते हुए
विन्यास में अर्द्धविराम की तरह
भाषा की रात में सच्चे शब्दों की तरह दमकते हुए
माताओं की सजल आँखों में अपने बच्चों के लिए सपने देखते हुए
उजाले आते हैं।
मेरी पुकार भले उन तक न पहुँचती हो
पर इतिहास की मरुभूमि को तेज़ी से पार करते हुए
मेघ स्वर में गड़गड़ाते हुए उजाले आते हैं।

मैं उजालों का पथ बुहार रहा हूँ : वे आते हैं
तो मेरा दिया उम्मीद से थरथराता है।
उसे मैला और मलिन करने की सारी कोशिशों के बाद भी
उजाला पवित्र है
क्योंकि वह सबको समान रूप से अभय देता है।
उजाला एक आशीर्पुष्प है जो विजन में भी खिलता है
और जो सब पर ऐसे झरता है जैसे बारिश या बच्चों की हँसी या स्त्रियों
का विलाप।

वे उजाले को छेंक रहे हैं
वे उसे चकाचौंध में बदलने की कोशिश कर रहे हैं
वे उस पर अँधेरे का क़ानून लगा रहे हैं :
उजाले की हत्या नहीं हो सकती,
उजाले को जेल में बन्द नहीं किया जा सकता,
उजाले को मारपीट कर अँधेरे में नहीं बदला जा सकता :
हम उजाले के दूत हैं : हम ख़बर नहीं, उजाला लाये हैं।

वह जो अपने पड़ोस के भूखे बच्चे की व्यथा को पहचान रहा है,
वह जो बूढ़े की सड़क पार करने में उसका हाथ पकड़कर मदद कर रहा ह,
वह जो खिड़की पर आये पक्षी के लिए एक कटोरे में पानी रख रही है,
वह जो उसका प्रेमपत्र अपनी पुस्तक में रखकर उस तक पहुँचा रही है,
वह जो सरहद पर बन्दूक़ ताने खड़ा है पर निरपराध पर गोली चलाने से हिचक रहा है
वह जो पहले की किसी कविता का नया पाठ कर रहा है
ये सभी उजाले के दूत हैं : वे ख़बर नहीं, उजाला लाते हैं।

उजाला कई अवतार एक साथ लेता है
ईश्वर भले एक बार में एक ही अवतार लेता हो।
उजाला एक दैनिक अवतार है!

मैं नहीं बुलाता देवदूतों, पहरेदारों, पुरोहितों, खंजाचियों, हिसाबियों-किताबियों को
मैं नहीं बुलाता नाज़िरों, हाक़िमों, कारकूनों को
न काबीना के सदस्यों को
मैं अँधेरों को नहीं उजालों को बुलाता हूँ :
मुझे भ्रम है कि उजाले मेरी पुकार सुनते हैं।

दो

अँधेरे में
अग्निबाण की तरह आते हैं
एक जोड़ी चप्पल, एक लाठी,
एक चश्मा,
एक अधनंगा फ़कीर
अकेला चलता हुआ :
उसकी पुकार पर कोई न आता हुआ—

समय के खण्डहर और बियाबान में
भटकता-अटकता हुआ
आता है उजाला
लहूलुहान पर अँधेरे को चीरता हुआ :
मेरा दिया फिर थरथराता है।

तीन

यातना-शिविर, गैसचैम्बर, जेलख़ाने, नरक की ओर जाती रेलगाड़ियाँ, बार-बार तनती बन्दूक़, चिथड़े अंग, बच्चों की फटी पोशाकें, लाशों के अम्बार,
हत्याएँ-चीख़ें-हृदयविदारक विलाप-क्रूर हँसियाँ-लम्बे चीत्कार-सुबकियाँ, घात लगाकर हमले, दूसरों को नेस्तनाबूद करने का उत्साह, बन्दिश और प्रतिबन्ध, दंगे-फ़साद, कर्फ़्यू, गोलीबारी, सब कुछ को रौंद कर आगे जाने की इच्छा–
हमने कुछ भी नहीं छोड़ा पीछे–
ये सभी हम अपने साथ ले आये हैं
ये अँधरे की कई इबारत हैं जिन्हें हम अपनी नयी नोटबुक में दर्ज़ कर सन्दर्भ की तरह रख रहे हैं
और बार-बार पढ़ रहे हैं–
इतिहास हमें क्या सिखायेगा, हम इतिहास को अपने को दुहराना सिखा रहे हैं।
हमारा समय ऐसा है कि तरह-तरह की रोशनियाँ दरअसल अँधेरे के दुष्ट संस्करण हैं।
ऐसा समय जिसमें मनुष्य को अपनी क्रूरता से कोई रोक नहीं पा रहा है :
हम अपने समय का एक क्रूर भूगोल बना रहे हैं।
मेरा स्नेह-रिक्त दिया डर से काँपता है।

चार

क्या उजाला इस क़दर कायर है?
क्या रोशनी इतनी डरी हुई है?
क्या सारी इबारत कायरता की वर्णलिपियाँ हैं?
क्या हमारी आवाज़ इतनी इकहरी हो गयी है कि उसमें दूसरे नहीं बोल पाते?
क्या हमारा साहस सिर्फ़ अपनी चमड़ी बचाने तक सीमित हो गया है
और हम किसी दूसरे को बचाने की झंझट में नहीं पड़ना चाहते?
क्या हमने अन्तःकरण को एक पुराने फटे कुरते की तरह उतार फेंका है?
क्या जो दुर्गन्ध हमें घेर रही है वह हमारी अपनी है?
क्या हम अपने घरों में दूसरों से बचकर रहने लगे हैं बजाय उनके साथ-साथ?
क्या हमें नयी बर्बरता वीरता लगने लगी है जो हमारी कापुरुषता ढाँक रही है?
क्या गरहमाहट अब हमलों भर में बची है, आपसी रिश्तों में नहीं?
मेरा दिल रह-रहकर धुँधुवा रहा है।

पाँच

हमारे समय ने हत्या-हिंसा-घृणा की नयी आलोक संहिता लिखी है
हमारे समय में अँधेरे में नहीं दिनदहाड़े डोमाजी उस्ताद और हत्यारे जुलूस निकाल रहे हैं
हमारा समय निर्लज्ज अपवित्रता से रोज़ उतार रहा है गंगा-आरती
हमारा समय अयोध्या में अन्याय की दीपावली मना रहा है
हमारा समय हमसे कहीं आगे निकल गया है
न करुणा, न प्रभा, न प्रतीक्षा, न प्रार्थना
हमारे हाथों में एक बुझा हुआ दिया भर बचा है.....

छह

अँधेरा एक प्राचीर है किसी अभेद्य दुर्ग की
उजाला एक सुरंग है–
अँधेरा बन्द कर चुका है सब दरवाज़े
उजाले ने फिर भी लगभग अदृश्य एक खिड़की खोल रखी है–
अँधेरे के खूँखार हाथ
ज़बरदस्ती पकड़े हैं सब कुछ को
फिर भी चुप्प अँधेरे में टटोलकर राह खोजती चमकदार आँखों की तरह
उजाला आ रहा है
–मेरे दिये में एक रोशन हाथ की तरह
लौ उठ रही है–
उसी की रोशनी में कविता चुपचाप उजाले की इबारत लिख रही है।

2018-20

कहीं तो/कहीं नहीं

कहीं तो होगी उनकी जगह
अगर इतिहास की बहियों में नहीं,
न गाथाकारों के रोज़नामचों में,
नृशंस हत्याओं के बाद के सिर्फ़ पारिवारिक विलापों की,
पुलिस द्वारा अकारण पकड़े गये लोगों की बेचारगी की,
आँकड़ों तक में गिनती में न शामिल किये जाने के झूठ की,
और अपनी मर चुकी माँ के आँचल को खींचती बच्ची की,

कहीं तो होगी जगह?

जब तुमसे पूछा जायेगा
अन्तःकरण के बचे रह गये आख़िरी न्यायालय में
तब तुम गवाही में क्या कहोगे?
तुम यह सब देख रहे थे निरुपाय
और तुम कुछ बचा नहीं सके :
तुम्हारी भाषा लड़खड़ायेगी
हिचकियों और चुप्पियों के बीच।
तुम्हारे पास उपयुक्त शब्द नहीं होंगे
न बखान के, न बयान के–
तुम काँपते हुए कहोगे :
तुमने जो देखा वह सच नहीं हो सकता था

पर सच था।
तुम पलटकर उनसे पूछोगे :
कहाँ है उनकी जगह?
कौन दर्ज़ कर रहा है
विलापों, बेचारगी, झूठ और भोलेपन को?
कहाँ है वह भाषा जिसमें यह किया जा सके?
किसी के पास न कोई जवाब होगा, न जवाबदेही,
तुम्हारी कविता के पास भी नहीं
जो तुम्हारी आस्था का आख़िरी मुक़ाम है।
कहीं नहीं होगी जगह, फिर भी तुम चीख़ते रह सकते हो :
कहीं तो होगी उनकी जगह!

28-29 अगस्त 2020

समय एक ढहता हुआ मन्दिर है

समय एक ढहता हुआ मन्दिर है
जिसके देवता
बचपन की अठखेलियों और युवा आर्त्तनाद को
गठरी में बाँधकर
पता नहीं कब कहाँ चले गये--
निश्शब्द प्रार्थनाओं की चिथड़ा हो गयी चिन्दियाँ
फहरा रही हैं--
दहलीज़ पर इतिहास
भुला दी गयीं घिसी चप्पलों सा रखा हुआ है।
कोई पुरखा पुकारता है :
आँगन में कोई सिसकता है मुँह अँधेरे।

4 अक्टूबर 2020

ईश्वर के आस-पास

एक

आकाशगंगाएँ स्वरलिपियाँ हैं ईश्वर के गान की :
वह धीरे-धीरे आलाप करता रहता है
छन्द में से एक अक्षर छिटक कर नक्षत्र हो जाता है।
संगीत अनन्त है—उसे समय की बाधा नहीं।

दो

जब ईश्वर बाँट रहा था उदारचित्त वरदान
तब पृथ्वी ले आयी समय
और शस्य श्यामलता :
पीछे से काल की छाया
समय को लगातार ग्रसते—
वरदान ईश्वर का भी अभिशप्त होता है।

तीन

प्रार्थनाओं के पास
दहलीज़ के नीचे
बैठे रहते हैं देवता
निरीह कटोरे लिए हुए
कभी-कभार उनमें से किसी में

एक शब्द खन्न से गिर जाता है।
कभी-कभी कोई उसे कविता में ले जाता है।

चार

जब लोगों और नदियों-पर्वतों का पड़ोस नहीं बचा
तब ईश्वर कविता के पड़ोस में ही
बैठता गाता, सिसकता, दिलासा देता-पाता है।

6-7 अक्टूबर 2020

प्रश्नवाचक

कहाँ गये वे शब्द
जिनसे कुसमय में भी बन सकती थी कविता?
क्या कोश में, प्राचीन पोथियों में
दुबक कर रह गये?
क्या उनको भी वैसा ही भय व्याप गया
जैसा कि हम सबको इस प्रकोप में?
क्या ऐसा कोई कौशल हासिल करना होगा
कि बिना शब्दों के कविता रच सकें?

इस निर्जन एकान्त में
क्या मौन से, नीरवता से,
निश्शब्दता से कविता रची जा सकती है?
क्या मौन याद कर सकता है उन शब्दों को
जो अब पास-पड़ोस में नहीं हैं?

क्या मौन भर सकता है
उस सुनसान को जो अनरची कविता में है?
क्या समय, मौन और बची हुई मानवीय गरमाहट
काफ़ी है कविता रचने के लिए?

क्या यह विफलता का नीरव विलाप है या
असम्बोधित प्रार्थना है सिर्फ़ स्वरों में?
कहाँ गये वे शब्द
जिनसे कुसमय में भी कविता बन सकती थी?

18 अक्टूबर 2020

त्रयी

एक

उजाला जानता है
वह नहीं होगा तो परछाँईं नहीं रहेगी :
परछाँईं को यह पता नहीं।

दो

निराकार की छाया आकाश पर पड़ती है
दूसरी ओर द्वार के नीचे से
नक्षत्र रेंगकर भागते हैं शून्य में।

तीन

आकाश नीरव गाता है
पृथ्वी अपनी निर्जन हरीतिमा में सुनती है
तारे किसी स्वरलिपि से छिटक गये अजात स्वर हैं :
आकाश गाता है।

19-20-21 अक्टूबर 2020

किससे पूछना है?

किससे पूछना है
कौन बता पायेगा रास्ता?
कहाँ है अगला मोड़?
हमारे साथ कौन चल रहा है?

हमें याद नहीं
कि हम कहाँ जाने के लिए निकले थे।
चलने में ही इतना रम गये
कि याद नहीं रहा कहाँ जाना है।

रास्ते में भटके हुए बहुत मिले,
उनसे जाना
कि सभी भटकते हैं, भटक रहे हैं।

थकान है, ऊब है, लाचारी है
और यह दिग्भ्रम भी
कि चलना ही मंज़िल हो गया है :
रास्ते के मुक़ाम और ठहराव भी मंज़िल ही थे।
अब यह सवाल हाशिये पर है
कि हम कहाँ जा रहे हैं—
हम चल रहे हैं

अँधेरों में, धुँधलके में, चकाचौंध में
हम चलते-चलते ही गुम हो जायेंगे
रास्ते उन पर चलनेवालों को याद नहीं रखते।

22 अक्टूबर 2020

हर दरवाज़ा बन्द

क्या हर दरवाज़ा बन्द हो चुका है
और हम न खोल सकते हैं,
न बाहर जा सकते हैं?
क्या हर खिड़की भी बन्द है?
हम न देख सकते हैं
बाहर का दृश्य,
कि धूप है या चाँदनी या अँधेरा?

क्या हम बाहर नहीं जा सकते?
क्या हम अन्दर नहीं आ सकते?
हम किस सुनसान में,
किस निर्जन में
किस मौन में आ गये हैं,
कि हमें न किसी और की आवाज़
न अपनी आवाज़ सुनायी देती है?

24 अक्टूबर 2020

ऐसा समय है

ऐसा समय है
कि उम्मीद करना अपने को झाँसा देने जैसा है—
क्या करें
उम्मीद की थोड़ी-सी रोशनी को पछियाते हुए
महामारी के प्रकोप के अँधेरे से बाहर आने की कोशिश
या कि
गाढ़े हुए अँधेरे में
और धँसकर रमने की?

काल एक चील सा नज़र रखे है
और कभी भी झपट्टा मारकर
हमें ले जा सकता है।

हम कविता से भयातुर चिपके
सोच रहे हैं कि
हमारा ऐसा हश्र तो नहीं हो सकता!

यह कुसमय है
या कि काल की बढ़ती-लीलती छाया
जब उम्मीद इतनी दूर चली गयी लगती है
और इतने पास आ गया है
अन्त का आभास!

4 नवम्बर 2020

'यहि घट चन्दा, यहि घट सूर' [1]

मैं अपनी पृथ्वी भूल गया
और आकाश में खोजता रहा था
आकाशगंगाओं में भटकते, बिलमते हुए
अपना चन्द्रमा, अपना सूर्य।
इतने सारे चन्द्रमा थे, शीतल और मोहक
इतने सारे सूर्य थे, ज्वलन्त और दीप्त
इनमें कहीं नहीं थी
अपनी ज्योत्स्ना, अपनी धूप!

मैं अपनी पृथ्वी भूल गया था
मुझे याद नहीं रही अपनी देह
जो घट है
और जिसमें चन्द्रमा और सूर्य हैं।
कविता ले गयी है मुझे वहाँ
जहाँ जाना मैं भूल गया था :
उसी ने जताया
'यहि घट चन्दा, यहि घट सूर'।

दीपावली, 14 नवम्बर 2020

---

1. कबीर

'मेरी काया में गुलज़ार'[1]

इस काया में फूल खिल रहे हैं
कलियाँ धीमे-धीरे कुछ गा रही हैं
पत्तियाँ कुछ नीरव प्रार्थना कर रही हैं :
'तेरी काया में गुलज़ार'।

फिर भी, इसी काया में पतझर है
फूल मुरझा रहे हैं,
कलियाँ झर रही हैं असमय,
पत्तियाँ गिर रही हैं धरती पर
अभी भी हरी, पियराने से पहले।

जो खिलता है मुरझाता है
जो गाता है मौन हो जाता है
काया में गुलज़ार उजड़ता है
कविता कुछ नहीं कर पाती!

दीपावली, 14 नवम्बर 2020

---

1. कबीर

'हंसा करो पुरातन बात'[1]

हंस कुछ कह तो रहा है
जिसे समझने में कठिनाई है
क्योंकि वह पुरातन बात है।

अपने समय में इस क़दर उलझा हूँ
कि मुझे याद ही नहीं रहता
कि कोई पुरातन समय था
जो इस समय में भी रिसता रहता है :
कभी अँधेरे जैसा, कभी उजाला देते हुए,
कभी घाव की तरह।

कविता के पास है निरन्तर
और उसी ने मेरा समय
और पुरातन दोनों बचा लिए :
मैंने पुरातन को अपने समय की तरह
सुनने की चेष्टा की :
कविता में, बिना हंस के।

दीपावली, 14 नवम्बर 2020

---

1. कबीर

मृत्यु

बरामदे में टहलती है वह
हालाँकि उसकी पदचाप सुनायी नहीं देती
पर कभी-कभी उसका एक क़दम घिसटता-सा लगता है :
बरामदे में ऊपर जाने
और नीचे उतरने की सीढ़ियाँ हैं
वह बढ़ती या उतरती है इसका पता नहीं :
जब बत्तियाँ बुझा दी जाती हैं रात गये
तब वह अँधेरे की तरह घिर आती है।

उसकी कोई आवाज़ नहीं है,
मैं उसको पुकार नहीं सकता,
बन्द दरवाज़े के बाहर बरामदे में
टहलती है वह।

वह दस्तक देकर अन्दर आयेगी
या रोशनी की तरह दरवाज़े के नीचे से खिसककर—
कहा नहीं जा सकता।
यह भी कहाँ पता है
कि वह अँधेरा है या रोशनी
या उनके बीच कहीं गोधूलि?

इतना काफ़ी है जानना कि वह नज़दीक है
और आने में उसे देर नहीं लगेगी।
फ़िलवक़्त उसके पास और काम हैं, फिर भी।

10 दिसम्बर 2020

कहाँ गये देवता!

जब हम घरबन्द हैं
भयग्रस्त हैं
तब कहाँ गये देवता
जो हमें अभय देने का आश्वासन थे!

दरवाज़े पर दस्तक होती है :
हम खोलते हैं इस उम्मीद में
कि शायद कोई देवता है
जबकि वह होता है दूध के पैकेट देनेवाला
एक लड़का जिसे इस समय स्कूल में होना चाहिए।

क्या यह देवहीन समय है,
सारे देवताओं और अभय के स्थगन का?

कँपकँपानेवाली भीषण ठण्ड में
जब किसान तो खुले में ठिठुरते हुए
अपने हक़ों के लिए संघर्ष कर रहे हैं,
तब देवता किसी आरामदेह मन्दिर में
दुबक गये हैं
भक्ति की रज़ाई ओढ़कर!

भाषा में, पड़ोस में
भय बैठ गया है
देवता नहीं आयेंगे
पर क्या हम, फिर भी,
कविता से अभय की उम्मीद कर सकते हैं?

17 दिसम्बर 2020

क्योंकि

क्योंकि अब तक कुछ हुआ नहीं है...काफ़्का

सूर्योदय तो रोज़ होता है
कभी-कभार धुन्ध के पार भी
सूर्य न जागता है, न सोता है।

पृथ्वी अपनी परिक्रमा पर है
और सूर्य को इसकी कोई ख़बर तक नहीं
क्योंकि अब तक कुछ हुआ नहीं है।

क्रान्तियों और तानाशाहियों में अन्तर मिटता जाता है
मनुष्य होता जाता है अकेला निरुपाय
पर उम्मीद, फिर भी,
खोज लेती है एक आकाश,
मनुष्य बने रहने का अवकाश :
क्योंकि अब तक कुछ हुआ नहीं है।

भय आता है कई चमकदार पोशाकों में
कई तरह के झूठों से दमकता हुआ
जो फैलते जाते हैं चारों दिशाओं में
पर, फिर भी, सच आता है

फटेहाल, सकुचाता पर निडर
क्योंकि अब तक कुछ हुआ नहीं है।

हम प्रतीक्षा करते हैं
प्रतीक्षा भी कर्म है
अँधेरे में रोशनी की एक दरार बनाती हुई
क्योंकि अब तक कुछ हुआ नहीं है।

14 दिसम्बर 2020

अब वह समय नहीं रहा

अब वह समय नहीं रहा
जब इतना कहना काफ़ी हो कि मैं एक आदमी हूँ :
मैं कहीं भी हो सकता था...
निकारागुआ या मोरक्को में
मंगोलिया या जाम्बिया में—कहीं भी
और उतना ही आदमी होता
जितना इस देश में हूँ।
अब अकेले आदमी होने से काम नहीं चलता—
शरीर और आत्मा काफ़ी नहीं हैं :
पहचान पत्र होना चाहिए, निश्चित निवास ज़रूरी है
आदमी अब एक अमान्य सामान्यीकरण है
बहुत सारे ब्योरे चाहिए।
अगर कहूँ कि कवि हूँ तो वे कहेंगे
वह तो ठीक है पर करते क्या हो,
किस तरफ़ के हो, क्या जाति है, क्या धर्म आदि?
अगर नागरिक हो यहाँ के तो
उसका प्रमाणपत्र कहाँ है?

मेरा आदमी होना, मेरी भाषा, मेरी कविता
कुछ भी साक्ष्य नहीं है मेरे होने का।
था एक बड़ा कवि जो कभी अपने आदमी होने से ऊब गया था

दूर चिली में,
मैं तो अपने देश में ही आदमी होने वंचित किया जा रहा हूँ।

किसने सोचा था कि
एक दिन आदमी होना इस क़दर बेकार हो जायेगा
हमारी धरती, हमारा शहर,
हमारा पड़ोस और हमारी हवा
हमें मानने से इनकार कर देगी
क्योंकि हम आदमी होने के अलावा कुछ और नहीं हो पाये।

26 जुलाई 2019

डर पर कुछ

होने से डरता हूँ
अनहोने से डरता हूँ:
होने से कि क्या-क्या हो सकता है!

घर से डरता हूँ
तो बाहर दो-तीन किलोमीटर का चक्कर लगा लेता हूँ
अपनी हाउसिंग सोसायटी के अहाते में,
वहाँ टहलते और लोगों से डरता हूँ
तो वापस भाग आता हूँ अपने घर में।

दिल से डरता हूँ कि कहीं ऐन वक़्त पर धोखा न दे दे।
वक़्त से डरता हूँ कि पता नहीं उसके दिल में क्या है।

शब्द से डरता हूँ कि कहीं भेद न खोल दे,
भेद से डरता हूँ कि कहीं शब्द में न आ जाये।

डर में रहता हूँ डर में लिखता हूँ :
डरा रहता हूँ कि कहीं डर औरों को न दिख जाये।

11 दिसम्बर 2020

टिप्पणियाँ

यहाँ प्रस्तुत सभी टिप्पणियाँ
वेब पत्रिका ‘सत्याग्रह’ में
‘कभी-कभार’ स्तम्भ के अन्तर्गत
प्रकाशित हुई हैं।

कोरोना एकान्त में

एकान्त में रहने का अभ्यास है पर जब वह बन्दिश के तौर पर होता है तो बेचैनी होना स्वाभाविक है। यह एकान्त हमें दूसरों से भरसक दूर रहने पर विवश कर रहा है। हम लाचार होकर ऐसी दूरी बनाते हैं तब हमें अहसास होता है कि, दूसरों के बिना, कुछ समय भी कितना असह्य और निरर्थक लगता है। हाल ही में एक प्रसंग में मैंने कहा था कि हमारी अद्वितीयता भी बिना द्वितीयता के सम्भव नहीं है। दूसरों से अपने को अलग करना कई बार ज़रूरी होता है और दोनों पक्षों के लिए हितकर भी। पर यह विवश एकान्त हमें यह दुखद सीख देता है कि हम किस क़दर दूसरों पर निर्भर हैं। इसका अर्थ यह भी है कि हमें दोनों चाहिए : सामुदायिकता और एकान्त। पर ऐसी सामुदायिकता नहीं जिसमें एकान्त की जगह या सम्भावना न हो और ऐसा एकान्त नहीं जिसमें सामुदायिकता को बरबस थामा गया हो और जो एकान्त के लिए ख़तरा हो।

इस विवश एकान्त के कुछ पारिवारिक लाभ भी हैं : वह परिवार के सभी सदस्यों को एक-दूसरे के नज़दीक लाता है और उन्हें साथ समय बिताने, बतियाने, याद करने का अवकाश देता है जिसका रोज़मर्रा की आपाधापी में अक्सर अवकाश नहीं मिलता। यह अवसर भी मिलता है कि आप कई लम्बित-विलम्बित काम निपटा लें। मैंने ही एक प्रश्नावली के आठ पेजी उत्तर लिख डाले। बहुत सारी पुस्तकें अनपढ़ी-अधपढ़ी पड़ी हैं तो उन्हें पढ़ना शुरू किया। व्योमेश शुक्ल और आशुतोष भारद्वाज, दो युवा लेखकों, की पहली आलोचना-पुस्तक पढ़ गया। अब अमरीकी लेखक-बुद्धिजीवी सूसन सौण्टैग की आठ सौ पृष्ठों में फैली जीवनी पढ़ रहा हूँ।

सेमुएल बैकेट पर एक फ्रेंच पुस्तक का अँग्रेज़ी अनुवाद भी थोड़ा-सा पढ़ा। बैकेट की अल्पतमता और फ्रेंच में ही लिखनेवाले मोरक्कन कवि अब्देललतीफ़ लाबी की विपुलता के बीच पढ़ने में फँसा-सा हूँ। इतना सब पढ़ना यह सहज विनय जगाता है कि भाषा में कितनी दृष्टियाँ, शैलियाँ, अतिकथन-अल्पकथन, रसमयता, लालित्य, विडम्बनाएँ-अन्तर्विरोध, गहराइयाँ और विस्तार, जीवन और मृत्यु, उम्मीद-नाउम्मीदी, साहस-दुस्साहस, सुन्दरता- क्रूरता चरितार्थ हो चुकी हैं कि उनके रहते कुछ लिखने का उपक्रम करना भयानक धृष्टता और कई बार मूर्खता तक लगती है। पर जैसे दूसरों का प्रेम जानकर भी हम अपना प्रेम करने से नहीं चूकते वैसे ही दूसरों के लिखे की सघनता-विपुलता-गुणवत्ता आदि आपको अपना लिखने से विरत नहीं कर पातीं। कई बार प्रेम मूर्खता है तो कई बार लिखना भी। पर ऐसी मूर्खता से बचने का उपाय हम जैसे साठ से भी अधिक बरसों से लिखने में लगे लोगों को कहाँ पता है?

एक तरह से सारे बाहरी जीवन से कटे इस विवश एकान्त में पुस्तक ही हमारे पास दूसरों के स्पन्दित जीवन से आती हैं : दूसरे, शब्दों के रास्ते, हमारे पास आ जाते हैं और हमें फिर जीवन जीने-सहने-रचने योग्य लगने लगता है।

कम जगह

इस अहसास से, चाहे आप समुदाय में या एकान्त में हों, बचना मुश्किल है कि हमारे समाज में साहित्य की जगह कम है। पहले अधिक थी इसमें, वर्तमान स्थिति को देखते हुए, यक़ीन करना मुश्किल है। अगर ऐसा था भी तो वह काफ़ी पहले का समय रहा होगा। आज जो जनता कर्फ़्यू शुरू हुआ है, उसमें जो लोग अपने ही घरों में आज दिन भर बन्द रहने को विवश हैं, उनमें से कितनों के पास पढ़ने के लिए साहित्य की कुछ पुस्तक होंगी और उनमें से कितने उन्हें पढ़ने की इच्छा रखते होंगे! अटकल लगायी तो जा सकती है पर दुखी मन को और दुखी क्यों करना!

सही है कि सबके पास जगह इतनी कम है कि उसमें घरेलू ज़रूरी चीज़ ही मुश्किल में अँट पाती हैं : उसमें पुस्तकों के लिए जगह नहीं निकाली जा सकती। पर जिनके पास थोड़ी-बहुत जगह निकल सकती है वे भी उस जगह को पुस्तकों के बजाय दूसरी चीज़ों के लिए ही, ज़्यादातर, उपयुक्त मानते हैं। ऐसे तो करोड़ों होंगे जो जगह होने के बावजूद पुस्तकों की कोई ज़रूरत महसूस नहीं करते और जिन्हें अपनी आख़िरी पुस्तक पढ़े या पलटे कई दशक बीत चुके होंगे। उन्होंने पुस्तकों को बेदखल नहीं किया है : उन्होंने पुस्तकों को अपने यहाँ दाख़िल ही नहीं होने दिया है। यह नहीं कहा जा सकता कि इस वजह से उनके जीवन में रस या भरापूरापन कुछ कम है। अगर है भी तो उन्हें यह अभाव परेशान नहीं करता।

जगह के दावेदार और बहुत सारी चीज़ें हैं। जिस नयी गोदामियत में इन दिनों हम बहुत मुदित मन रहते-विचरते हैं उसमें चीज़ों का ऐसा अटाला हम जोड़ते-सहेजते रहते हैं कि पुस्तकों के लिए न तो ज़रूरत बचती है, न जगह।

इसका ज़रा भी अहसास पढ़े-लिखों तक को नहीं रह गया है कि हमें ज्ञान, दिलासा, राहत देने, व्यक्ति-समय-समाज को समझने, दूसरों से साक्षात् करने का ज़रूरी काम पुस्तक और साहित्य करते हैं।

एक रुख़ यह हो सकता है कि जिस चीज़ की जगह इतनी कम है उसका उत्पादन इतना ग़ैर-आनुपातिक रूप से अधिक क्यों? बाज़ार में जिस चीज़ की अधिक खपत नहीं वह अपने आप ग़ायब हो जाती है। ऐसे कई हैं जो सोचते हैं कि ग़ायब हो जाना चाहिए पर हुई नहीं है। इसकी वजह यह है कि पुस्तक उत्पाद तो हैं पर वही नहीं हैं : लेखक लोगों के बीच अपनी जगह बनाने के लिए नहीं लिखता है। वह बन जाये इसकी आकांक्षा शायद करता है पर अगर न बने तो वह लिखना बन्द नहीं कर देगा। वह लिखता है क्योंकि उसे अपनी, अपने समय और समाज की, मानवीय स्थिति और विडम्बना की गवाही देना है : उसे भाषा की विपुलता और सूक्ष्मता को, उसकी सम्भावना को बचाना है। वह लिखता है क्योंकि उसके पास दूसरों से साझा करने का कुछ और उसके लिए उत्साह है। वह अक्सर निराश होता है, अकेला पड़ जाता है पर लिखने की अपनी दीवानगी से अपने को मुक्त नहीं करता। पुस्तकों को अगर हम जगह नहीं दे पाते तो यह हमारी ज़िम्मेदारी है। अगर हम कुछ अधिक मानवीय नहीं होना चाहते, न कुछ अधिक देखना-महसूस करना चाहते तो यह हमारा निर्णय है। कई बार जिसे आज जगह नहीं मिलती उसे समय में अच्छी-ख़ासी बाद में मिलती है।

आवर्तन, अमूर्तन, संग्रथन

एकान्त है और मल्लिकार्जुन मंसूर को हम लगातार सुन रहे हैं। लगता है कि एकान्त ही गा रहा है, सामुदायिकता को याद करते हुए, उसे विकल पुकारते हुए। यह संगीत अपसरण या विराग का संगीत नहीं है तब भी जबकि राग का नाम कबीरी भैरव है : यह संग-साथ का संगीत है—यह एकान्त को अनुपस्थित सामुदायिकता से, समय को अलक्षित अनन्त से, अतीत को वर्तमान से जोड़ता-मिलाता संगीत है। इसमें अमूर्तन आकार ले रहा है—यह संगीत अमूर्तन का घर है और उसका पड़ोस भी। फिर भी यह पुकारता संगीत है : विकलता, विक्षोभ, लालित्य, सुघर स्थापत्य से गूँजता संगीत है। यह संगीत है और संगीतातीत घटना भी है।

विस्मय और रहस्य की दो धाराओं के बीच निश्छल पर कलकल बहता हुआ : उसे कहीं जाना नहीं है। वह अविराम है पर कहीं भी कभी भी रुक सकता है। उसका प्रवाह उच्छल है : उसका जल कई रंग लेता हुआ नीरंग हो जाता है। उसमें निर्मल स्वच्छता, निष्कलुष उज्ज्वलता, चमकता आवेग है। वह कहीं से आया नहीं है और न ही कहीं जा रहा है : वह यहीं का संगीत है, हमें घेरता-लपेटता, दुलराता-सहलाता।

उसके आवर्तन, जो अविराम और अबाध लगते हैं, एक के बाद एक आते-जाते हैं और बिना किसी आडम्बर या नाटकीयता से, सहज भाव से, अपने को एक दूसरे से गूँथते चलते हैं और राग रूपायित होता चलता है। थोड़ी देर में आप राग को भूल जाते हैं : जो आपके सामने अवतार ले रहा होता है वह कोई देवता या ईश्वर नहीं स्वयं मल्लिकार्जुन मंसूर हैं—अप्रतिहत, अक्षय, समय में अवस्थित होकर भी कालातीत। फिर लगता है

कि मंसूर कोई राग नहीं स्वयं अपने को, मंसूर को गा रहे हैं। जिसका यह भी अर्थ है कि बचता है शुद्ध संगीत, राग-बन्धन से भी मुक्त, समय को स्थगित करता हुआ, कई बार उसे रौंदता हुआ।

कल रात दो बजे के बाद से नींद नहीं आयी सो बैठकर पढ़ता रहा। सुबह पौने पाँच बजे खिड़की से पहली चिड़िया का स्वर सुनायी दिया। एक बेचैन रात के समाप्त होने और मंगल प्रभात का अग्रदूत। मंसूर का संगीत ऐसा ही मंगल प्रभात है। पन्त जी की कविता याद करते हुए पूछने का मन होता है—प्रथम स्वर का आना, मंसूर जी, आपने कैसे पहचाना? रूमानी होते हुए भी इस संगीत में महाकाव्य जैसा वितान है—वह सारे संसार को अपने में संक्षिप्त कर लेता है। मंसूर अपनी अकेली आवाज़ में सारे संसार का गुणगान करते हैं : यह उनका भर नहीं, संसार का गान है। कोरोना एकान्त में मन कृतज्ञता से भर उठता है कि इस निपट एकान्त में हमें संसार का संगीत मंसूर के माध्यम से सुन पाने का वरदान मिल रहा है।

26 मार्च 2020

थमा हुआ जीवन

काल की अप्रत्याशित छाया में जीवन थम गया है। हर तरफ़ शान्ति है– पक्षियों तक की आवाज़ कम है। ठण्डी हवा है पर, नज़र में याने दृश्य में, लोग नहीं हैं। अपनी कष्टदायी उपस्थिति के बावजूद यह अनुपस्थिति का समय है। दूसरे लगभग अनुपस्थित हैं, कम-से-कम भौतिक रूप से–वे हैं पर स्मृति में, कल्पना में, फ़ोन पर बतियाते-दिखते हुए। पर पास नहीं हैं। हम निर्जन में रह रहे हैं। हम भी हैं इस पर कभी-कभी सन्देह होता है। घरबन्दी तरह-तरह की बेचैनी उपजा रही है : मित्रों, परिजनों, हज़ारों की संख्या में घर लौटते मजबूर निस्सहाय लोगों की चिन्ता सताती है। पर स्वयं हर हालत में सुरक्षित रहने की नीच इच्छा अधिक कुछ करने से रोकती है। अपनी और अपने परिवार की चिन्ता तक का मानवीय भूगोल सिमट गया है। अप्रत्याशित की आशंका हर दम घेरे है, भले जो होगा उस पर हमारा कोई वश नहीं है।

उम्मीद घर में क़ैद है और उसे भी यह भरोसा नहीं कि वह उम्मीद है। घर की सचाई तो बाहर की विशाल सचाई से बहुत छोटी है। पर बड़ी सचाई बहुत दूर चली गयी लगती है : बन्द सचाई ही सचाई लगती है। सपना देखने से मन घबराता है : हर छोटा-बड़ा सपना यकायक सन्दिग्ध हो गया है। इस दौर के ख़त्म होने के बाद सचाई कितनी बदल गयी होगी इसका अनुमान तक नहीं लगाया जा सकता। जब सचाई ही इतनी अकल्पनीय है तो सपने की क्या स्थिति होगी?

सामुदायिकता, परस्पर व्यवहार, प्रकृति के साथ सम्बन्ध, आर्थिक व्यवस्था, राजनीति, धर्म आदि सब बदल जायेंगे? उनमें से कितने घायल

होकर बदलेंगे और कितने ज्यों का त्यों रखकर बदल जाने का छद्म करेंगे यह भी नहीं पता। यह भी, फिलवक़्त, नहीं कहा जा सकता कि हमारे निजी और सामाजिक कर्म कितने रूपान्तरित हो जायेंगे। इतना तय है कि हम वही नहीं रह पायेंगे और दुनिया को देखने-समझने की हमारी दृष्टि और विधि में परिवर्तन होगा। इस समय जब सभी कुछ सन्देह के घेरे में है, यह कहना भी कठिन है कि जो रचेगा वही बचेगा। हो सकता है बचना रचने को पूरी तरह व्यर्थ कर दे या कि उनमें कोई सम्बन्ध ही न रह जाये।

इस समय खुली धूप है और सब कुछ साफ़ नज़र आ रहा है पर मन की धुन्ध हटती नहीं है। इस अनसुन हाहाकार में इतनी धवल शान्ति कैसे और क्यों है? हमसे अभी शब्द छीने तो नहीं गये हैं पर उनके इस्तेमाल में इतने सारे संकोच कैसे आड़े आ गये हैं? दिन में भी ऐसे वक़्फ़े आते हैं जब कोई आवाज़ नहीं होती, न कोई शब्द, न कोई हरकत। सिर्फ़ बाहर से आ रहा धूप का उजाला और घर का अपना अँधेरा : हम निर्जन में हैं। सब चुप हैं, सब लाचार हैं, सब, फिर भी, निपट और सहज, मानवीय हैं : हैं यही क्या कम है?

नान्त में इन्दराज़

आज से लगभग 8 बरस पहले कुछ दिनों के लिए फ्रांस के नान्त शहर में था। उस समय डायरी में कुछ इन्दराज़ किये थे जो आज मिल गये। सो पेश हैं :

संगीत में कोई जगह क्या खोजी या तामीर की जाती है? क्या स्वर हमेशा किसी जगह की तलाश में रहते हैं जहाँ वे रह-रम या रह सकें? जहाँ उन्हें, थोड़ी देर के लिए सही, राहत या ठहरने का ठौर मिल सके?

संगीत अक्सर हमें अपनी भौतिक जगह से अलग कहीं ले जाता है। यह अलग जगह, जब तक संगीत चलता है, तब होती है और फिर स्मृति में ही रह जाती है। अलग जगह की सचाई किन्हीं पदार्थों पर पदार्थमय संसार पर निर्भर नहीं होती। यह तो पदार्थमयता का अतिक्रमण करके ही पायी या रची जाती है।

क्या कोई जगह होती है भौतिक संसार से परे जहाँ संगीत हमें ले जाता है? या कि वह जगह संगीत ही रचता है और वह उसके समापन के साथ, लगभग क्रूरता से, ग़ायब हो जाती है।

संगीत यह जगह स्वरों के माध्यम से, उनके संयोग-वियोग से, उसकी संगति-विसंगति से खोजता-रचता है। यह जगह आवाज़ों से बनी-रची जगह होती है—ज़रूरी नहीं कि उसमें हमारा पार्थिव संसार झलके या अनुगूँजे ही। संगीत इस सचाई का साक्ष्य और सत्यापन है कि हम इस पार्थिव संसार में रहते हुए उससे स्वतन्त्र-मुक्त-स्वायत्त एक दूसरा संसार रच सकते हैं। वह हमें अपने पार्थिव संसार में वापस जाने से नहीं रोकता। शायद उसके अनुभव से हमें अपनी पार्थिवता, उसकी निपट पदार्थमयता अधिक सह्य लगने लगती है।

0

कई बार लगता है कि जैसे सारी कविता अन्ततः प्रार्थना होती है, वैसे ही सारा संगीत विलाप। पर दोनों ही प्रथमतः संसार का गुणगान। जो संसार से अपार अनुराग न करे उससे न कविता कुछ कह सकती है, न संगीत उसके लिए कोई अर्थ रखेगा।

प्रार्थना दिये गये संसार से बेहतर, वैकल्पिक, अधिक सुन्दर, अधिक न्यायसंगत संसार के लिए। विलाप व्यतीत होते संसार की भंगुरता, उसके उदात्त सौन्दर्य, वैभव और लालित्य के लिए।

0

दैनन्दिन जीवन में हम पहले क्या अधिक सुघर और कल्पनाशील थे? क्या उसमें सुन्दरता देख और रच पाने की हमारी इच्छा और क्षमता में कमी आयी है? हमारे आस-पास सब कुछ ज़्यादा साफ़-सुथरा है पर हमें सुन्दर क्यों नहीं लगता! क्या सीधे-सादे रोज़मर्रा के जीवन में अब सुन्दर नहीं बचा? क्या हमने उसे वहाँ रचना, तलाश करना छोड़ दिया? क्या सुन्दर हमें वहाँ नीरस-उबाऊ बनाकर चला गया?

0

ऐसा क्यों लगता है कि हम एक ओछे समय में रह रहे हैं—सब कुछ बड़ा हो रहा है, विराट् के आयाम में जा रहा है पर आदमी छोटा हो रहा है? साहित्य और कलाओं में, विचार में जो कुछ श्रेष्ठ है वह हमसे पहले कहीं हो चुका! क्या हमारे हिस्से श्रेष्ठता का सिर्फ़ मरणोत्तर जीवन ही आया है?

0

जीवन की सार्थकता के जो सामाजिक पैमाने हैं उनको बिल्कुल अलग निजी पैमाने भी हो सकते हैं। जिनका जीवन सामाजिक दृष्टि से व्यर्थ पर

निरर्थक माना जाता है, हो सकता है उन्हें, जिनका कि वह जीवन है, वैसा नहीं बल्कि अपने ढंग से सार्थक लगता हो। सार्थकता के क्षेत्र में भी निजी और सामाजिक का द्वन्द्व और द्वैत होता है।

0

कविता अगर मेरे याने कवि के जीवन को कुछ सार्थकता दे लेकिन और के जीवन को नहीं तो भी क्या वह सार्थक मानी जा सकती है? कितना जीवन कविता में अन्तर्ध्वनित हो कि वह सार्थक मानी जाये? कविता का अपना जीवन क्या उसके व्यापक जीवन से सम्बन्ध की सघनता और प्रगाढ़ता पर निर्भर करता है?

0

जिसके पास एक भी उत्तर न हो उसे कितने और कब तक प्रश्न पूछने का अधिकार है? क्या प्रश्न पूछना उत्तर पाने का आरम्भ है, हर बार?

1 अप्रैल 2020

भाषा और सचाई

एक ऐसी लेखक की जीवनी पढ़कर ख़त्म की जो जीवनभर भाषा के सचाई से सम्बन्ध पर लगातार विचार करती रही। राजनीति में, अमरीकी लेखक सूसन सौण्टैग की ज़िन्दगी बताती है कि कई बड़े शब्द जैसे 'समाजवाद', 'कला', 'लोकतन्त्र' कितने अस्थिर हो सकते हैं। स्वयं अमरीका का आशय कितना घटता-बदलता रहता है। सूसन के नज़दीक न तो भाषा, न ही सचाई स्थिर थे, न हो सकते थे : एक हंगामी सदी में इन दोनों की अस्थिरता के बारे में लगातार विचार करने वालों में सूसन लगभग आगे की क़तार में रहीं। वे ऐसे अनेक अवसरों पर भौतिक रूप से मौजूद थीं जो बीसवीं शताब्दी में निर्णायक बिन्दु थे : क्यूबा क्रान्ति, बर्लिन दीवार का पतन, बमबारी के घटाटोप में हनोई, इज़रायल में योम किपर युद्ध के समय। सौण्टैग की जीवनी (700 पृष्ठों में फैली और 116 पृष्ठों के अतिरिक्त नोट्स) इस दौरान पूरी पढ़ डाली। सूसन एक विभाजित संसार में एक विभाजित व्यक्तित्व थीं।

वे अपने युग से समरस थीं पर उससे अलग भी। उन्होंने दिखाया कि कैसे रूपक आत्म को रूपायित करता और विकृत करता है, कैसे भाषा दिलासा दे सकती है पर नष्ट भी; कैसे प्रतिनिधित्व राहत दे सकता है पर अश्लील भी हो सकता है। वे व्याख्या के विरुद्ध थीं पर इन्हें लगातार अपने समय की बार-बार व्याख्या करना पड़ी। उनका साहस कमाल का था : वे बड़ी से बड़ी सत्ता का खुलकर विरोध कर सकती थीं—उनकी यह हिम्मत ही थी कि उन्होंने सेरायेवो में, वहाँ चल रहे बेहद हिंसक गृहयुद्ध के दौरान, दैनन्दिन गोलाबारी के चलते, सेमुएल बैकेट का नाटक 'वेटिंग फ़ार गोडो' निर्देशित किया।

सूसन का निजी जीवन रोमांच, नये-नये सम्बन्ध, प्रेम और रति, समलैंगिकता आदि से भरपूर था। उसमें अपार उत्साह और ललक लेकिन हिंसा, दुर्व्यवहार, अप्रत्याशित नाराज़ी आदि भी थे। उनका अपना आरम्भिक जीवन अपनी माँ के साथ बहुत कठिन बीता था : बहुत कम उम्र में उन्होंने प्रेम-विवाह किया था और उनका एक बेटा था। उसके साथ उनका सम्बन्ध उतना ही कठिन था जितना स्वयं उनका अपनी माँ के साथ रहा था। उन्हें दूसरों की पीड़ा का गहरा अहसास था पर वे स्वयं जब-तब परपीड़न से विरत नहीं हो पाती थीं। उन्हें अमरीकी बौद्धिक और सांस्कृतिक जीवन में अपने वर्चस्व का पता था और वे अपने को, उचित ही, उसका सुपात्र मानती थीं। पर वे कब अप्रत्याशित रूप से कुछ मुँहफट और अप्रिय कह देंगी इसका अनुमान नहीं लगाया जा सकता था।

दिलचस्प यह है कि सूसन जीवन भर एक आकर्षक व्यक्ति बनी रहीं जिनके अनेक स्त्री-पुरुष प्रेमी भी रहे और मित्र, सहायक भी। उनकी बुद्धि और कुशाग्रता का लोहा सभी मानते थे। उनके अन्तर्विरोध, निजी और सामाजिक व्यवहार की उग्रता अलक्षित नहीं जाती थी पर यह उनके आकर्षण और बौद्धिक आतंक में कोई कटौती नहीं कर पाती थी।

दिलचस्प यह भी है कि सौण्टैंग फ्रेंच उत्तर-आधुनिकों देरिदा, फ़ूको, एलेन सिक्सू आदि से निजी रूप से परिचित थीं और उन पिछले लेखकों से भी जैसे बार्थ, वेन्यामिन और सार्त्र जिन्हें ये उत्तर-आधुनिक भी बखूबी जानते-गुनते थे, पर सौण्टैग को उत्तर-आधुनिकता कभी स्वीकार्य नहीं हुई—'उसका हर चीज़ को समान बनाना'।

बार-बार सौण्टैग इस धारणा पर लौटती रहीं कि साहित्य, कलाओं आदि का बुनियादी काम हमें अधिक देखना, अधिक सुनना और अधिक महसूस करना सिखाना है। ईराक युद्ध के अवसर पर उन्होंने लिखा :

"...में जो लोग आज सार्वजनिक पदों पर हैं उन्होंने हमें यह बताया है कि उनका काम प्रबन्धात्मक है : भरोसा दिलाना और शोक का प्रबन्धन। राजनीति, लोकतन्त्र की राजनीति, जो असहमति और बेबाकी की जगह होती है, साइकोथैरेपी में बदल दी गयी है। हमें, सबको हर तरह से शोक मनाना चाहिए। पर हमें एक साथ मूर्ख नहीं होना चाहिए।... हमसे बार-बार कहा जा रहा है कि 'हमारा देश मज़बूत है'। मैं इसे पूरी तरह से आश्वस्तिकर नहीं पाती। कौन सन्देह कर रहा है कि अमरीका मज़बूत है। पर अमरीका को यही भर नहीं होना है।"

पीठ पर घर

दुन्या मिखाइल ईराकी-अमरीकी कवि हैं जो अरबी और अँग्रेज़ी में लिखती हैं—बगदाद में पली-बढ़ी और शिक्षा पायी। उन्हें 1995 में अमन और सेंसरशिप से तंग आकर स्वदेश छोड़ना पड़ा था और अब डिट्रायट में रहती हैं और मिशिगन विश्वविद्यालय में अरबी पढ़ाती हैं। वे अरबी और अंग्रेज़ी दोनों में लिखती हैं। कार्कानेट से उनका नया संग्रह 'इन हर फ़ेमिनाइन साइन' पिछले वर्ष ही प्रकाशित हुआ है। उनका मानना है कि दो समूह प्रोत्साहन से सबसे अधिक लाभाविन्त होते हैं : बच्चे और कवि। कोरोना एकान्त में उनका संग्रह पढ़ गया और कुछ कविताओं का हिन्दी अनुवाद भी कर लिया।

रंगों में युद्ध

दीवार पर डिजिटल नक़्शा
अमरीकी युद्ध दिखाता है
रंगों में।
ईराक बैंगनी में
सीरिया पीले में
कुवैत नीले में
अफ़ग़ानिस्तान लाल में
वियेतनाम हरे में।
युद्ध

नक़्शे पर
सुन्दर है।

उन्होंने अरबी में हाइकूनुमा छोटी कविताएँ भी लिखीं हैं—'टैबलेट' शीर्षक से। उनमें से कुछ यों हैं :

मेरी काग़ज़ की नाव नदी में बह गयी
एक दुनिया अपने पीछे लिए हुए
उसमें एक ख़ास नोट था।
वह एक दिन पहुँचेगा,
देर से सही,
सारे सच देर से पहुँचते हैं।

0

कछुए की तरह
मैं हर जगह चलती हूँ
अपना घर अपनी पीठ पर लिए।

0

तब चन्द्रमा पूर्ण होता है
वह एक शून्य की तरह दीखता है।
जीवन गोल है
अन्त में।

0

पृथ्वी बहुत सीधी है
तुम उसे एक आँसू या एक हँसी से समझा सकते हो।
पृथ्वी इतनी जटिल है
तुम्हें एक आँसू या एक हँसी दरकार होगी
उसे समझाने के लिए।

0

हम विचलित नहीं होते जब
घास मरती है। हमें पता है
वह वापस आयेगी
एक ऋतु या दूसरी में।
मृतक वापस नहीं आते
पर वे हमेशा प्रकट होते हैं
घास की हरीतिमा में।

0

सब बच्चे कवि होते हैं
जब तक कि वे आदत छोड़ नहीं देते
उन तितलियों को पकड़ने की जो वहाँ नहीं होतीं।

9 अप्रैल 2020

चीज़ों से नज़दीकी

हम इन दिनों लोगों से दूर हो गये हैं—एक-दूसरे से फ़ासला रखना जीने के लिए ज़रूरी हो गया है। पहले आदर्श माना जाता था दूसरों से फ़ासले कम करना : अब ज़रूरी है दूसरों से फ़ासला बनाये रखना। पहले जीने के लिए मेलजोल ज़रूरी था : अब जीने के लिए ज़रूरी है मेलजोल से दूर रहना।

हर मध्यवर्गीय घर में चीज़ों का अम्बार होता है—मराठी में जिसे अटाला कहते हैं। सो हमारे घर में भी है : पुस्तकें बहुत अधिक हैं—मैंने ही इतनी सारी लिख रखी हैं।—फिर चित्र, स्मृतिचिह्न, फ़ोटोग्राफ़, मूर्तियाँ और तरह-तरह की चीज़ें। उन्हें इतने ध्यान से देखने और हर दिन उनकी धूल पोंछने का काम पहले कभी इस क़दर नियमित किया नहीं। लगता है कि शहर की सड़क निर्जन होने से, यातायात बहुत कम हो जाने के कारण धूल इन दिनों कम है : पहले की तरह हर दिन एक महीन-सी परत अब नहीं जम रही है। हाउसिंग सोसायटी में सुबह-शाम थोड़ा घूम-फिर आने का अब नियमित अभ्यास हो गया है। पर बाहर से आकर घर में दाख़िल होने पर 'पगधूरि झारने' की ख़ास ज़रूरत नहीं लगती।

हुआ कुछ यह है कि हम दूसरे लोगों से तो दूर हो गये हैं पर अपनी ही चीज़ों के नज़दीक आ गये हैं। भले लाचारी है—हम उन्हें अब अधिक ध्यान से देख रहे हैं और लगता है कि चीज़ें भी हमें अब अधिक ध्यान से देख रही हैं। जीवन में हम देखा-देखी से ही तो एक-दूसरे के नज़दीक आते या आने की इच्छा-लालसा पालते हैं।

मेरे पास लिखने के लिए एक मेज़ है पर उसमें धीरे-धीरे इतने काग़ज़ात इकट्ठा हो गये हैं कि टाइपराइटर भर के लिए जगह, किसी तरह,

बची है और वह भी इस समय ख़राब हो जाने के कारण निरुपयोगी हो गया है। सो खाने की मेज़ पर बैठकर लिख रहा हूँ। इस मेज़ का, उसके ख़ाली होने के समय, टाइप करने और लिखने के लिए उपयोग पहले भी करता रहा हूँ।

ठीक सामने रज़ा के दो चित्र लगे हैं, उन कई चित्रों में से दो जो उन्होंने अपने अन्तिम चरण में, दिल्ली रहते, बनाये और, अपनी सहज पर अदम्य मित्र-उदारता से, मुझे उपहार में दिये। उन्हें देखता हूँ कि उनके पीछे कहीं रज़ा की आँख हैं, जो इस कठिन समय मुझ बेचैन-बेराहत को दिलासा देती हुई, देख रही हैं। बग़ल में चम्मच-करछुले-गिलास, अचार की बर्नियाँ, शहद की एक बोतल, बिस्कुटों का एक डिब्बा, हँसते बुद्ध की एक चीनी मूर्ति आदि रखे हैं। अब उपयोग में न आनेवाले ओवेन पर मेज़ कैलेण्डर है जिसमें एम. एस. शुभलक्ष्मी का फ़ोटो इस महीने है।

जहाँ बैठा हूँ उसके बग़ल में तीन अलमारियाँ, पुस्तकों-भरी, पर उन्हें बहू ने ऐसा ढाँक दिया है कि उनके पल्लों पर अब उपहार में मिले हुसेन, कृष्ण खन्ना, रज़ा और हर्षवर्द्धन के रेखांकन प्रदर्शित हैं। वाईफ़ाइ का जो यन्त्र लगा है उस पर हरी रोशनियों की तीन समान्तर पट्टियाँ हैं जो, ख़ासकर रात में अचानक नींद न आने के कारण, बैठकख़ाने में आने पर, रौशन होने के कारण अँधेरे में मेज़-कुर्सियों से टकराने से रोकने में मदद करती हैं।

हस्बे-मामूल टेलीविज़न, जो पिछले 6-7 सालों से बन्द और अनदेखा पड़ा है, अब भी वैसा ही है। अख़बार आते तो रोज़ हैं पर मेरा बेटा उन्हें एहतियातन, वायरस-मुक्त रखने के लिए, दो दिन देर से पढ़ने लाता है। सो एक पिछड़ा आदमी ख़बरों से लगातार और पिछड़ता रहता है। ख़बर हमारे, इस कठिन समय में, इस क़दर, झूठ, पूर्वग्रह-ग्रस्त, अप्रमाणिक, सनसनीख़ेज हो गयी हैं कि वे न ख़बर हैं, न उनसे सचाई का कोई ठीक पता चलता है। उन्हें मिस नहीं करता। यह अबोध विश्वास है कि झूठ को मिस क्या करना, सच न मिस हो जाये यही जतन करना चाहिए!

चीज़ों का सच शायद कुछ-कुछ जानने का सुयोग हो रहा है। चीज़ें अपने आप में तो सच हैं ही—वे कुछ-न-कुछ सच हमें कभी-कभार बताती रहती हैं। शायद वे कोई विराट् सच नहीं होते—चीज़ों का अपने नन्हेंपन, अपनी विनयशीलता में, मनुष्य जैसे अहंकारी के सामने, ऐसा कोई दावा भी नहीं होता। उन्हें तो शायद इसकी ख़बर ही नहीं होगी कि अपनी अकिंचन-अलक्षित सचाई में वे हमारी सहज मानवीयता को उद्दीप्त, किसी हद तक, सत्यापित करती हैं।

कोरोना एकान्त में कविता पर

ऐसा समय, कुसमय या दुर्दिन, हो सकता है जब कविता किसी काम की न लगे : न उससे मन बहले, न सचाई का कोई अक़्स उभरे, न शब्दों का खेल हमें देर तक उलझा सके। हर समय कविता का समय नहीं होता—कविता हर समय के लिए नहीं हो पाती।

अक्सर जब कविता ब्योरों में जाती है और वहाँ रसे-बसे जीवन को चरितार्थ करती है तब कुछ रसिकों को ऊब होती है—उन्हें संक्षेप चाहिए, उन्हें ब्योरों से सूक्ति .ज्यादातर चमकदार और स्मरणीय लगती है।

कविता को एकान्त चाहिए पर ऐसा नहीं कि उसमें दूसरे न हों—किसी न किसी ढंग से उनकी मौजूदगी का अहसास सक्रिय हो। पर-स्पन्दित एकान्त ही कविता के लिए सर्जनात्मक एकान्त होता है।

क्या कविता के लिए कवि भी अन्ततः 'दूसरा' है? क्या कविता की असली आकांक्षा कवि का भी अतिक्रमण करने की होती है?

कविता भाषा में होकर भी उससे आगे, कई बार उसके पार जाती है : क्या अपने बेहद कल्पनाशील और साहसिक क्षणों में कविता भाषा का अतिक्रमण भी कर देती है।

कविता एक पताका है—होने की, अर्थ की खोज में काँपती हुई, स्थिति और नियति की पताका। उसके राज्यपताका बनते ही, चाहे सत्ता की या किसी वैचारिक प्रतिष्ठान की, वह शिखर पर नज़र तो आने लगती है पर अपनी सच्ची आभा खो बैठती है।

कविता राह नहीं दिखाती, न मार्गनिर्देश देती है। वह रसिक-पाठक को राह की खोज में शामिल होने का खुला न्योता ज़रूर देती-होती है।

कविता भाषा, समय, आत्म, समाज, सचाई से संघर्ष करती है। जिस-तिस मोर्चे पर वह हारती या पिछड़ती भी रहती है। विरले होते हैं ऐसे कवि जो इस पंचकोनी संघर्ष में समान रूप से विजयी हों। बुनियादी बात है इन मोर्चों पर संघर्ष, हारना या जीतना नहीं।

बीसवीं शताब्दी में कविता की वीरगाथा उसके अथक और असमाप्त संघर्षों की कथा होगी, जय-पराजय की नहीं।

क्या पिछले कुछ दशकों से कविता के सार्थक होने पर इतना आग्रह किया गया है कि उसने सुन्दर होना छोड़ दिया? क्या कविता बिना सुन्दर हुए सार्थक हो सकती है? सुन्दरता और सार्थकता का जो आवयविक सम्बन्ध था वह भंग हो गया लगता है।

कविता किसी व्यापक लक्ष्य के प्रयत्न में सहचर हो इसमें कुछ भी अस्वाभाविक या आपत्तिजनक नहीं हो सकता। पर क्या कविता को परखने का एक ज़रूरी पैमाना अब यह हो गया है कि वह किस हद किसी व्यापक लक्ष्य के लिए दिये जा रहे प्रयत्न में शामिल है? क्या कविता अपने आप में लक्ष्य नहीं है—सुन्दर, सार्थक, मानवीय!

गद्य कविता जैसा लगे तो उसे गुण माना जाता है—पर अगर कविता गद्य जैसी लगे तो इसे दुर्गुण क्यों माना जाये?

ऐसे कथाकार तो कई रहे हैं जैसे निर्मल वर्मा, कृष्णा सोबती, कृष्ण बलदेव वैद, ज्ञानरंजन जो कविता-प्रेमी रहे हैं पर ऐसे कवि शायद कम हैं जो उतने ही कथा-प्रेमी हों। रघुवीर सहाय, श्रीकान्त वर्मा, कुँवरनारायण आदि इसलिए अपवाद नहीं माने जा सकते कि इन सभी ने उल्लेखनीय कहानियाँ लिखी हैं। वे सिर्फ़ कवि नहीं बल्कि कवि-कथाकार रहे हैं।

14 अप्रैल 2020

इन दिनों

इन घर-घुसे दिनों में साहित्य क्या करे और लेखक क्या करें ये दो अलग सवाल हैं। साहित्य तो विपुल पहले से ही इतना लिखा गया है कि अगर आपके पास पुस्तकें हैं तो वे आपको उस जीवन से जोड़ने का काम कर सकती हैं जिसके जीवित स्पन्दन से, इस समय, आप बहुत दूर फिंक गये हैं। वे आपका दिल बहला सकती हैं, जो समय, इस समय, बहुत भारी और धीरे गुज़रता है उसे सहने-बिताने का कुछ आधार बन सकती हैं।

ज़्यादा मुश्किल सवाल है कि लेखक क्या करें। ऐसे बहुत से होंगे जो चाहते होंगे कि, कम-से-कम इस समय, लेखक चुप ही रहें और अपनी अच्छी-बुरी रचनाओं का बोझ या ढेर बनाने-बढ़ाने से बाज़ आयें। पर ऐसी अपेक्षा वही कर सकते हैं जिनकी अपेक्षाओं पर सही उतरने का लालच कुछ लेखक करते हैं। बाक़ी तो इसलिए कुछ ऐसा नहीं लिखते कि उसकी कोई माँग या प्रतीक्षा है : वे लिखते हैं क्योंकि उन्हें ज़रूरी लगता है कि वे अपनी, अपने समय और समाज की भाषा में तलाश, इस घरबन्द समय में, जारी रखना चाहते हैं। उन्हें किसी सलाह की ज़रूरत नहीं होती। लेकिन वे इस विश्वव्यापी और लम्बी चल रही महामारी की उपेक्षा नहीं कर सकते : तब सवाल कुछ इस तरह की शक़्ल ले लेता है कि जिस घेराबन्दी में अन्य नागरिकों की तरह लेखक भी धँसे हैं उसका बखान, उस पर विचार, उसमें घुमड़ते अनुभवों और भावों की अभिव्यक्ति वे कैसे करें। क्या इसके लिए उनके पास भाषा-शैली-दृष्टि की पर्याप्त सम्पदा है? क्या उन्हें कुछ नया ईज़ाद करना होगा, नये ढंग से सोचना और भाषा को बरतना होगा?

ज़ाहिर है कि बेहद उलझे हुए सवाल के ख़ासे उलझे हुए और कई जवाब होंगे। यथार्थ कई तरह से अतियथार्थ हो चुका है।

चूँकि गोदी इलेक्ट्रॉनिक मीडिया, लगातार अपने पालतूपन और स्वामिभक्ति में, सचाई के बहुत बड़े हिस्से को छिपा, बरका या हाशिये पर डाल रहा है, सचाई मात्र से सामान्य नागरिकों का सम्बन्ध बहुत विकृत, अप्रामाणिक और झूठ-भरा होता जा रहा है। कोरोना वायरस जितना फैल रहा है उससे कम तेज़ी से झूठ और घृणा, अफ़वाह आदि नहीं फैल रहे हैं। इस परिस्थिति में लेखकों का सचाई और सच पर टिके रहना और उनसे किसी लालच या दबाव में न डिगना नागरिक अपेक्षा है और नैतिक ज़िम्मेदारी भी।

पर फिर यह सवाल भी उठता है कि लेखक का सच दूसरों से अधिक प्रामाणिक है यह कैसे तय होगा? अनेक सचों का जो 'होता है शबोरोज़ तमाशा' हमारे आगे, उसमें लेखक का सच अलग से कैसे पहचाना जायेगा? फ़िलवक़्त सूझता है कि इस प्रामाणिकता के कुछ आधार सोचे जा सकते हैं : पहला तो यह कि अपने सच पर इसरार करते हुए भी लेखक उसे एकमात्र या पूरा या परम सच मानने-मनवाने का कोई हठ नहीं कर सकता—साहित्य का सच हमेशा आत्मसंशयग्रस्त होता है, अब भी होगा ही। दूसरे, कितनी ही विद्रूप सचाई लगे उसका बखान हमेशा मुक्तिदायी होगा—वह घृणा और भेदभाव, अलगाव-हिंसा का प्रतिरोध होगा। वह संसार से हमारे स्वाभाविक अनुराग को और गहरा करेगा। तीसरे, लेखक उन सारी शक्तियों की शिनाख़्त करते हुए, जो आज विभिन्न कारणों से मानव-विरोधी स्वतन्त्रता-समता-न्याय-विरोधी हरकतें कर रही हैं, अपनी ज़िम्मेदारी भी स्वीकार करेगा। दुनिया को नरक बनाने के लिए दूसरों भर को ज़िम्मेदार-जवाबदेह ठहराने और अपने को पाक-साफ़ बख़्श देने वाला, व्यक्ति लेखक नहीं हो सकता : न कभी, न इन दुर्दिनों में भी। चौथे, ख़ासकर इसलिए कि अख़बारी भाषा इन दिनों बेहद छिछली-सतही-अप्रामाणिक हो गयीं है, लेखक भाषा के अन्य संसाधनों का कल्पनाशील इस्तेमाल करेगा और निरी अभिधा का हर वक़्त सहारा नहीं लेगा। पाँचवें, लेखक यह याद भी हमें दिलाता रहता है कि ऐसे कठिन समय में भी सहज जीवन्त गर्माहट भरे मानवीय सम्बन्ध और भावनाएँ न तो निश्शेष हुए हैं, न ही अप्रासंगिक। साहित्य का काम आलोक देना न भी मानें पर भाषा की सर्जनात्मकता अपने आप में मानवीय आलोक है : अँधेरे का बखान करते हुए भी शब्द आलोक की वर्णमाला बन जाते हैं। जब तक यह आलोक है तब तक उम्मीद भी चुकती नहीं है। सच्चे लेखक के यहाँ भाषा उम्मीद बन जाती है।

कुछ प्रश्न

पहला तो यह कि क्या इस समय टेकनालॉजिकल, विकसित, समुन्नत समाज एक ध्रुवान्त पर पहुँच गये हैं? यह तथ्य अनदेखा नहीं किया जा सकता कि कोरोना महामारी का सबसे व्यापक और घातक प्रभाव बहुत 'स्वच्छ' समुन्नत विज्ञान-सम्पन्न देशों और समाजों पर है। दूसरा, कम-से-कम मेरे ध्यान में नहीं आया है कि भारत के बड़े वैज्ञानिकों ने इस मामले में कोई सुचिन्तित दृष्टि का इज़हार किया हो : लेखक, कलाकार, पत्रकार, डाक्टर, बुद्धिजीवी आदि तो कुछ-न-कुछ कह रहे हैं पर वैज्ञानिक नहीं। उनकी चुप्पी का क्या आशय है कि भारत में विज्ञान अब निरी टेकनालॉजी बनकर रह गया है और सच्चे चिन्तक-वैज्ञानिक हमारे यहाँ अब नहीं हैं?

तीसरा, क्या इस पर गम्भीरता से विचार करने की अब दरकार है कि विकास को एक अनिवार्य लक्ष्य मानकर, उसके लिए जिन असंख्य स्थानीयताओं को नष्ट किया गया है उसने हमारी प्रतिरोध की इच्छा और शक्ति को लगभग निश्शेष कर दिया है। हमारा नगर-प्रेम और प्रलोभन, बेतहाशा विकास तेज़ गति आदि पर क्या हम पुनर्विचार करने को तैयार या विवश होंगे?

चौथा, क्या ख़ासकर बहुत समय इलेक्ट्रॉनिक मास मीडिया, कुल मिलाकर ऐसे भयावह संकट के समय कुछ मानवीय दिलासा और हिम्मत, उम्मीद और धीरज देने के बजाय लगातार भेदभाव, भय, दूसरों से नफ़रत, झूठ, अफ़वाह आदि फैला रहा है उससे सामान्य नागरिकों को अब, ऊब, चिढ़, नाराज़ी आदि होना शुरू होंगी? जो जोड़ सकता है वह तोड़ रहा है और हम उसे कब तक बरदाश्त करते रहेंगे?

पाँचवाँ, क्या हमारे पास अब भी विकास का कोई अधिक मानवीय, अधिक समावेशी, अधिक समतामूलक, अधिक न्याय सम्मत विकल्प सोचने और टेकनालॉजी को आत्मघातक और मानवसंहारक होने से बचाने की कोशिश करने का समय और कौशल, कल्पना और संवेदना, पहल और साहस बचे हैं?

छठवाँ, क्या यह वैकल्पिक सपना देखनेवाले युवा हमारे बीच हैं जो नवाचार का जोख़िम उठाने और दुनिया को न सही, भारत को बरबाद होने से बचाने का संकल्प कर सकते हैं?

‘प्रतिबन्धित शब्द’

हम पुर्तगाली कविता के बारे में बहुत कम जानते हैं : गोवा में, कोंकणी में शायद उससे अधिक परिचय होगा। पिछले वर्ष न्यू डायरेक्शन्स द्वारा प्रकाशित पुर्तगाली कवि यूजीनिओ द अन्द्रादे की कविताओं के अँग्रेज़ी अनुवाद की पुस्तक हाथ लगी : ‘फ़ॉरबिडन वर्ड्स’। इस कवि ने यह आकांक्षा व्यक्त की है कि “ऐसे चाहता हूँ कविता का होना : रोशनी से काँपती हुई, खुरदरी धरती से/पानियों से बुदबुदाती हुई और हवा से।” उनकी दो कविताएँ, हिन्दी अनुवाद में :

बारिश में घर

बारिश, एक बार फिर बारिश जैतून के पेड़ों पर
मुझे नहीं मालूम वह आज दोपहर कैसे आ गयी
क्योंकि मेरी माँ तो चली गयी है
बालकनी में उसे गिरते देखने नहीं आ रही है
अपनी आँख अपनी सिलाई से ऊपर नहीं उठा रही है
यह पूछने ‘तुम्हें वह सुनायी दे रही है’
मैं उसे सुनता हूँ, माँ, फिर से बारिश
तुम्हारे चेहरे पर बारिश।

मकान का कायाकल्प

पत्थर-दर-बारीक़ पत्थर वह ऊँचा उठता है
वह मकान जो सिर्फ़ एक कविता में मेरा है।

वह सोता है, वह मकान सपना देखता है जब हवाएँ बहती हैं
मस्तूल होने की अचानक ख़ुशी है।

जब एक नाज़ुक शरीर सिहर रहा है
तो मकान भी, तो जहाज़ भी।

एक समुद्रपाखी उड़ता है और फिर दूसरा और फिर और
मकान रुक नहीं पाता : मँडराने लगता है।

आह, एक दिन मकान जंगल में बदल जायेगा,
और उसकी छाया में मुझे मिलेगा एक झरना
जहाँ सिर्फ़ सन्नाटा आता है पानी के कल-कल स्वर से।

24 अप्रैल 2020

उत्तर राग की चिन्ताएँ

इस पर काफ़ी ध्यान दिया गया है कि कोरोना महामारी से निपटने के लिए जो अनेक उपाय किये गये हैं उनके कारण अनिवार्य रूप से आर्थिक स्थिति पर बहुत बुरा प्रभाव पड़ेगा। सामाजिक स्थिति भी बहुत बदल जायेगी : समूहन के अनेक प्रकार काफ़ी दिनों के लिए लगभग वर्जित हो जायेंगे। विडम्बना यह है कि बिना सामूहिक उद्यम के सामान्य जीवन बहाल करना कठिन है जबकि महामारी से जूझने की मुख्य विधि सामाजिक दूरी बरतने की है। जो नक़्शा उभर रहा है उसमें निर्माण, उत्पादन आदि व्यावसायिक गतिविधियाँ तो बहाल हो जायेंगी लेकिन शैक्षणिक संस्थाएँ, सभागार आदि, कम-से-कम अभी की स्थिति और ख़तरों के चलते, कई महीनों पूरी तरह से बन्द रहेंगे। जब उनमें कुछ छूट दी भी जायेगी तो किसी तरह के समूहन की अनुमति नहीं होगी : बहुत ही सीमित समूहन सम्भव होगा।

यह स्थिति प्रदर्शनकारी कलाओं जैसे नृत्य, संगीत, रंगमंच आदि के लिए बड़ी भयावह होने वाली है। इन कलाओं का तो सारा सौन्दर्यशास्त्र दर्शकों-श्रोताओं की सामूहिक उपस्थिति और सक्रियता पर आधारित है। इनका प्रशिक्षण भी, जो मुख्यतः गुरु-शिष्य परम्परा के भरोसे चलता आया है, गुरु और शिष्य की निकटता, आत्मीय संवाद और सम्प्रेषण पर अब तक निर्भर रहा है। प्रस्तुति और प्रशिक्षण दोनों कई अर्थों में मौलिक रूप से परिवर्तित होने को बाध्य होंगे। बिल्कुल नये क़िस्म की अप्रत्याशित मौलिकता की दरकार होगी।

एक तरीक़ा, जो थोड़ा-बहुत चल भी निकला है वह सब कुछ 'ऑन लाइन' कर देने का है। यों तो कलाओं को उनकी प्रस्तुति और प्रशिक्षण में जारी रखने का यह एक व्यावहारिक तरीक़ा है पर उसमें जो अनिवार्यतः सजीवता या जीवन्तता का अभाव होगा उसकी क्षतिपूर्ति कैसे होगी? फिर, अगर कुछ समय बाद सभागार आदि खुल गये तो वहाँ श्रोता-दर्शक आसानी से नहीं जायेंगे क्योंकि उन्हें सब कुछ 'ऑन लाइन' देखने की आरामदेह आलसी आदत पड़ गयी होगी! इसलिए इस व्यावहारिक और आकर्षक विकल्प के कुछ गम्भीर ख़तरे भी हैं। शास्त्रीय संगीत और नृत्य की प्रस्तुतियाँ सफल-सार्थक तभी होती हैं जब उनमें श्रोताओं-दर्शकों का दृश्य-श्रव्य साझा होता है। 'ऑन लाइन' पर शायद ऐसी साझेदारी सम्भव हो भी तो स्वतःस्फूर्त सम्भवतः न होगी या लगेगी।

जब तक कोई व्यावहारिक और कलात्मक दृष्टि से सन्तोषप्रद विकल्प उभरता है और सारी प्रस्तुतियाँ स्थगित हैं तब तक कलाकार अपना जीवन-यापन कैसे करेंगे? उनकी आय के मुख्यतः दो स्रोत हैं : प्रस्तुति और प्रशिक्षण से मिलने वाले पारिश्रमिक। क्या सरकार या अन्य परोपकारी संस्थाएँ इस बारे में कुछ सोच रही हैं?

सुझाव यह है कि एक अन्तरिम कला-निधि या कला-कोष स्थापित किया जाये जिसमें केन्द्र सरकार, राज्य सरकार, कारपोरेट जगत्, सांस्कृतिक सहायता के लिए स्थापित ट्रस्ट, केन्द्रीय और राज्य अकादेमियाँ, परोपकारी संस्थाएँ, इन कलाओं की जिजीविषा को सक्रिय रखने में रुचि रखने वाले श्रोता-दर्शक, साधन-सम्पन्न संगीतकार और नृत्यकलाकार वित्तीय सहयोग दें। कारपोरेट जगत् के लिए यह 'सीएसआर' में गिना जाये और उसे कर-मुक्त किया जाये। इसे चलाया कैसे जाये, कलाकारों की पात्रता के मानदण्ड आदि क्या होंगे, कितनी अवधि के लिए सहायता दी जा सकेगी आदि मुद्दों पर कलाकार-समुदाय सोच-विचार और संवाद कर सर्वसम्मति विकसित करे। अच्छा यह भी होगा कि कुछ मूर्धन्य संगीतकार और नृत्यकलाकार राष्ट्र के नाम और सरकारों, संस्थाओं आदि के नाम एक अपील जारी करें और स्वयं इस निधि या कोष की शुरुआत अपने निजी वित्तीय योगदान से पहल करें। इस कठिन समय में मूर्धन्यों को सचमुच

नेतृत्व करना चाहिए : दूसरे कलाकारों से भी आग्रह है कि वे आपसी भेदभाव, ईर्ष्या-स्पर्धा, दृष्टि और मनभेद से ऊपर उठ कर एकजुट हों। ऐसा हो पाता है तो यह उनके निजी हित और शास्त्रीय कलाओं के हित में एक साथ होगा। अपने कलाप्रयत्न और उनसे चरितार्थ होनेवाली संस्कृति को बचाने के लिए सक्रिय होना इस समय कलात्मक और नैतिक कर्तव्य दोनों है। कुछ कलाकारों ने इस सिलसिले में पहल की है—उसका समर्थन और विस्तार होना चाहिए।

'मेरी माँ की भाषा'

मोरक्कन कवि अब्देललतीफ़ लाबी फ्रेंच में लिखते हैं और उन्हें दोस्तोयवस्की, नाज़िम हिकमत, शोयंका और सर्वतान्तीस की संगत का कवि माना जाता है। उनमें क्रोध और करुणा दोनों की जगह है। वे अपने को एक ऐसा लेखक मानते हैं जो अपने साहित्यिक स्वास्थ्य की जाँच आत्मपरीक्षण से करता रहता है : उन्हें लगता है कि वे बैलेन्स शीटों से आक्रान्त रहे हैं अपनी दुनिया की, अपने लेखन की। अँग्रेज़ी में उनकी कविताओं के अनुवाद का एक बड़ा, 800 पृष्ठों से अधिक का, संचयन डोनल्ड निकल्सन-स्मिथ ने किया है और 'इन प्रेज़ आव् डिफ़ीट' के नाम से आर्किपेलागो बुक्स ने प्रकाशित किया है। उनकी कुछ कविताओं के अँग्रेज़ी से हिन्दी में अनुवाद प्रस्तुत हैं।

मेरी माँ की भाषा

मैंने बीस साल से अपनी माँ को नहीं देखा
उसने अपने को भूखों मरने दिया
वे कहते हैं कि वह अपने सिर का स्कार्फ़
हर सुबह उतार देती थी
और सात बार फ़र्श पर पीटती थी
स्वर्ग और आततायी को कोसते हुए
मैं गुफा में था
ऐसी जिसमें मुज़रिम अँधेरे में पढ़ता है
और दीवारों पर भविष्य की पशुमालाएँ उकेरता है

मैंने बीस साल से अपनी माँ को नहीं देखा
वह मेरे पास एक चीनी काफ़ी मशीन छोड़ गयी
जिसके प्याले एक-के-बाद-एक टूट रहे हैं
हालाँकि वे इतने भोंड़े हैं कि मैं ध्यान नहीं देता
पर मुझे इस वजह से काफ़ी और भी प्यारी है
आज, जब मैं अकेला हूँ
मैं अपनी माँ की आवाज़ धारण करता हूँ
बल्कि मेरे मुँह से वह बोलती है
अपनी कसमों, अशिष्टताओं और बद्दुआओं के साथ
उसके प्रिय नामों की अनोखी माला
उसके शब्दों की ख़तरे में पड़ी प्रजाति के साथ
मैंने बीस साल से अपनी माँ को नहीं देखा
पर मैं आख़िरी व्यक्ति हूँ
जो अब भी उसकी भाषा बोलता है

अनन्त का एक संक्षिप्त संस्करण

मैं बेड़े पर एक मोमबत्ती जलाऊँगा
और अपनी प्रार्थना गढ़ूँगा
मैं उसको छोड़ दूँगा लहरों की स्फूर्ति पर
उनका मन्दिर बनाने के लिए
मैं अपना लबादा ढाँप दूँगा
पहली मछली पर
जो मेरी पतवारों से टकराती है
इस तरह मैं पाऊँगा रात में, समुद्र में
बिना समुद्री चिड़िया या रसद के
अपनी मोमबत्ती के बचे हुए टुकड़े
और प्रार्थना के अपने हिस्से के साथ
इस तरह मैं पाऊँगा
अपने काल्पनिक चेहरे के साथ

और ख़ुद से कहूँगा
अरे अधआदमी, ख़ुश होओ
तुम जीनेवाले हो
अगर तुम अभी तक नहीं जिये हो
अनन्त का एक संक्षिप्त संस्करण।

उनकी एक 'भंगुर' कविता है :

उनके पास आदमी का सब कुछ है
लेकिन वे आदमी नहीं हैं
देखो उन्हें करते
जो कोई जानवर भी कभी नहीं कर पाया
वे कहाँ हैं
हममें दुबके हुए
हममें, जिनका दावा आदमी होने का है!

1 मई 2020

अदम्य और उज्ज्वल

कोरोना महामारी ने जो घरबन्दी की है उसने लाचारी, ऊब, एक-रसता और कई बार चिढ़ उपजायी है। पर अगर उन करोड़ों भारतीय बन्धुओं का ख़याल कर जो बेघरबार, बेरोज़गार, बेराहत हो गये हैं और जिनकी घरवापसी की कोशिश हमारी व्यवस्था की क्रूरता का ताण्डव दिखा रही है तो आपको अपने घर-परिवार में बन्द रहना बड़ा सौभाग्य लगता है। करोड़ों अभागे भारतीय नागरिकों की तुलना में आप सुरक्षित और, कुल मिलाकर, सुपोषित हैं। यह कहने और स्वीकार करने में शर्म सी आती है : आपने इस सुरक्षा को लगभग अनायास पाने के लिए कुछ विशेष नहीं किया है और उन मज़दूरों-कामगारों-ग़रीबों ने ऐसी सुरक्षा न पा सकने के लिए कोई चूक नहीं की है।

इस सब गिड़चयाव के बीच जब आपको लगता है कि राजनीति, अर्थतन्त्र, सत्ता, धर्म, मीडिया आदि से सीधी-सच्ची मानवीयता ग़ायब हो गयी है, तब आपको प्रायः हर दिन ऐसा कुछ पता चलता रहता है जिसमें साधारण, अक्सर अनाम और अज्ञातकुलशील लोग, इस भयावह संकट में, निजी जोख़िम उठाकर, दूसरों की, बिना किसी क़िस्म का भेदभाव बरते, तरह-तरह की मदद कर रहे हैं। उनमें सभी धर्मों, जातियों, वर्गों के लोग शामिल हैं। उनमें कई परोपकारी संस्थाएँ, गुरुद्वारे-मन्दिर-मस्जिद-गिरजाघर शामिल हैं। पर जो बात विशेष रूप से ध्यान खींचती है वह यह है कि उनमें बहुत सारे ऐसे नागरिक शामिल हैं जिन्होंने ऐसे किसी प्रयत्न या अभियान में पहले कभी कोई हिस्सा नहीं लिया था। उनमें डाक्टर, नर्स, सरकारी अस्पतालों के अक्सर साधनहीन कर्मी सफ़ाई कर्मचारी, सब्ज़ीवाले,

छोटे दूकानदार भी शामिल हैं जो भारी जोखिम उठाकर हम सबकी मददकर पीड़ितों की जान बचा रहे हैं। यहाँ तक कि अपनी बेरहमी और क्रूरता के लिए बदनाम पुलिस में भी ऐसे कई निकल आये हैं जो संवेदनशीलता के साथ व्यवहार और सहायता कर रहे हैं। पता नहीं यह सही है या नहीं, पर लग ऐसा रहा है कि राजनीति और मीडिया में ऐसे लोग कम नज़र आ रहे हैं।

हर दिन कोरोना से पीड़ित होनेवाले और उसका शिकार होकर मरनेवालों के जो दैनिक आँकड़े आ रहे हैं उनके बरक्स मानवीयता, सहायता-सहयोग-सहानुभूति और करुणा के जो न आँके गये आँकड़े सामने आते हैं उनसे हमारा मनोबल बढ़ता है और मानवीयता को बचाने, उसे इस हालात में भी सहज-सक्रिय रखनेवालों के प्रति गहरी कृतज्ञता उपजती है। यह आश्वस्ति भी होती है कि आधुनिक विकास ने जिस स्वार्थी, लालची, हत्यारी मानसिकता को बहुत फैलाया है पर वह हमारी बुनियादी मानवीयता को नष्ट नहीं कर पाया है, भले उसे क्षत-विक्षत करने में उसे एक तरह की बेशरम कामयाबी मिल गयी हो।

प्रतिमानों की बहुलता

मदन सोनी एक गम्भीर विचारवान् आलोचक हैं। कल ही उन्होंने एक सजीव कार्यक्रम में कहा कि हमारी .ज्यादातर आलोचना कुछ रूढ़ और विजड़ित हो गये प्रतिमानों से आक्रान्त है और उसमें अनेक तरह की श्रेष्ठ कृतियों को एक ही तराजू और बटखरों से तौलने का अनर्जित उत्साह रहता है। उनके अनुसार प्रतिमानों की बहुलता होना चाहिए क्योंकि रचना में इतनी अधिक बहुलता होती है। उन्होंने कहा कि जिन प्रतिमानों के आधार पर अज्ञेय श्रेष्ठ कवि सिद्ध होते हैं, उनके आधार पर मुक्तिबोध को श्रेष्ठ नहीं ठहराया जा सकता। दोनों की रचनात्मकता, दृष्टि, शैली, भाषा आदि एक-दूसरे से बहुत अलग हैं और इसलिए, उनको जाँचने-परखने के प्रतिमान अलग होने चाहिए। ऐसे प्रतिमान खोजने-गढ़ने में जो बौद्धिक श्रम और जोख़िम चाहिए, उससे .ज्यादातर आलोचक बचते रहे हैं।

इस मुक़ाम पर यह प्रश्न उठना स्वाभाविक है कि आलोचना अगर इस क़दर रचना-सापेक्ष हो गयी तो किसी तरह के आलोचनात्मक मतैक्य के बनने-उभरने की सम्भावना बहुत क्षीण हो जायेगी जबकि वस्तुतः ऐसा मतैक्य बनता रहा है। अलबत्ता यह तथ्य भी हिसाब में लेना होगा कि जिन आलोचकों को अज्ञेय श्रेष्ठ कवि लगते हैं, उनमें से कइयों को, दशकों तक मुक्तिबोध श्रेष्ठ कवि नहीं लगते रहे हैं—इसका उलट भी सच रहा है।

मदन इस मतैक्य को प्रश्नांकित करते हैं और इसे सहमति, सुसंगति आदि से बुना गया वैष्णव कर्म मानते हैं। जब रचना में मतैक्य अभीष्ट या सच नहीं है तो आलोचना में उसे क्यों अभीष्ट होना चाहिए? इसके बरक्स वे तोड़-फोड़, विसंगति, विद्रूप आदि को सहेजने-समझने वाले शैव

हस्तक्षेप का आग्रह करते हैं। हिन्दी आलोचना में जो विवाद हुए हैं वे वैष्णव और शैव दृष्टियों के बीच नहीं हुए हैं—वे अन्ततः अक्सर पक्ष या विपक्ष की मर्दुंशमारी बनकर निरर्थक हो जाते हैं।

इसमें कोई सन्देह नहीं है कि हिन्दी रचना के मुक़ाबले हिन्दी आलोचना बहुत कम अग्रगामी रही है। उसकी चेष्टा प्रायः रचना को अनुकूलित करने की रही है—यह आकस्मिक नहीं है कि पिछले दो-ढाई दशकों में आलोचना में कोई नये प्रत्यय, नयी अवधारणाएँ मौलिक रूप से सामने नहीं आयी हैं। रचना के बरक्स आलोचना में बहुलता बहुत कम है और ऐसी बहुलता का स्वीकार उससे भी कम। आलोचना में अक्सर वैसी ही रचनाओं का बोलबाला रहा है जो उससे अनुकूलित या तो पहले से हैं या होने को लालायित हैं। हिन्दी आलोचना का जो प्रतिष्ठान अकादेमिक जगत्, विचारधारा, पत्रिकाओं और अन्य संस्थाओं ने मिलकर गढ़ा है वह सामाजिक-राजनीतिक जीवन में मौजूद सत्ता-प्रतिष्ठानों की ही तरह असहमति को न तो जगह देता है, न उसे किसी सार्थकता में बरदाश्त करता है।

मदन ने एक और ज़रूरी बात यह भी उठायी है कि आलोचना न सिर्फ़ रचना को देखने का काम है, उसे अपने को, अपने देखने को भी देखना चाहिए। ऐसा कम होता है और यह खेद और चिन्ता दोनों का विषय है। रचना में आत्मसंघर्ष की अपेक्षा करनेवाली आलोचना में आत्मसंघर्ष बहुत कम नज़र आता है। रचना में विपथ होने का साहस जब-तब दीख पड़ता है : आलोचना विपथ होने से इतना क्यों घबराती है? कृष्ण बलदेव वैद की रचनाओं के सिलसिले में मैंने हाल ही में यह कहने की जुर्रत की थी कि हिन्दी आलोचना कभी तहख़ाने में जाने की कोशिश नहीं करती—वह अक्सर अटारी पर से, दूरी और ऊँचाई से लिखी जाती है।

उधार

विद्यानिवास मिश्र निबन्धकार और आलोचक होने के अलावा भाषा विज्ञान के विद्वान् भी थे। हिन्दी भाषा के खुलेपन और ग्रहणशीलता का विश्लेषण करते हुए वे हिन्दी का साधारण बोलचाल का यह वाक्य उद्धृत करते थे : मैं कमरे में घुसा, कमीज़ उतारकर कुरसी पर डाल दी, खिड़की खोलकर आकाश की तरफ़ देखा और टेलीविज़न चला दिया। उनके अनुसार इस सादे से वर्णनात्मक वाक्य में कमरा इतालवी से, कमीज़ अरबी से, कुरसी पुर्तगाली से, आकाश संस्कृत से, तरफ़ फ़ारसी से और टेलीविज़न अँग्रेज़ी से लिए गये शब्द हैं। यह छह भाषाओं से ली गयी उधारी है। क्या इस कारण हिन्दी को उदार और आतिथेय या उधार की भाषा कहा जा सकता है?

6 मई 2020

मूल्यों की उलझन

एक कवि-बन्धु से फ़ोन पर बात हो रही थी। उनका ख़याल है कि कोरोना महामारी और इतने विशाल भयावह लॉकआउट ने जीवित रहने को ही एक परम मूल्य में बदल दिया है। अब वह समय बीत गया, कम-से-कम अभी, जिसमें किसी बड़े मूल्य, लक्ष्य या आदर्श के लिए लोग अपने जीवन का बलिदान तक देने को, ऐसा उत्सर्ग करने को सबसे बड़ा मूल्य मानते थे। सही है कि कई लोगों में, संस्थाओं और समूहों में मानवीयता बची हुई है—वे सहयोग और सहकार में विश्वास करते और इन दुर्दिनों में भी उन पर अमल कर रहे हैं।

एक और रिटायर्ड आईएएस अधिकारी ने टिप्पणी की है कि ग़रीब मज़दूरों और अन्य, जो लाखों की संख्या में अपने घर-गाँवों की तरफ़, इस बेदर्द मौसम में, जैसे भी हो भाग रहे हैं और जिनकी तकलीफ़ों की अनेक हृदयविदारक छवियाँ रोज़ ही नज़र आ रही हैं, वे एक तरह के हेमलेटनुमा द्वन्द्व में फँसे हैं : अगर वे अपने काम-रोज़गार की जगह रुकते हैं तो कोरोना प्रकोप उन्हें मार सकता है और अगर वे किसी तरह, सारी तकलीफ़ उठाकर, अपने घर-गाँव पहुँच भी जाते हैं तो बेरोज़गारी उन्हें ख़त्म कर देगी : दोनों हालत में उनका सामना यन्त्रणा-भुखमरी और मृत्यु से है।

तीसरी ओर ऐसी आशंका व्यक्त की जा रही है कि प्रकोप अभी और बढ़ेगा और हमें कोरोना के साथ, याने सारे निषेधों, सावधानियों का सतर्कता से पालन करते हुए जीवन बिताने की आदत डालनी होगी। इसका एक दुराशय यह है कि हमें काफ़ी दिनों तक भौतिक दूरी और अलगाव बनाकर रखने होंगे।

चौथा पक्ष यह है, जैसा कि फिर एक कवि-बन्धु ने कहा, कि इस महामारी के पीछे कई तरह के षड्यन्त्र भी सक्रिय हैं या हो सकते हैं। दवाई बनाने वाली अन्तरराष्ट्रीय कम्पनियाँ सत्ताओं और बाज़ारों पर एक नये तरह की तानाशाही स्थापित करने का प्रयत्न कर रही हो सकती हैं। वुहान की जिस चीनी प्रयोगशाला में यह वायरस जन्मा उसे अमेरिकी सहायता भी प्राप्त रही है—वह चीन और अमेरिका का संयुक्त उपक्रम रही है और इसलिए सारा दोष चीन के मत्थे मढ़ कर अमेरिका अपने को ज़िम्मेदारी से बरी नहीं कर सकता, भले सबसे अधिक नुक़सान, जान-माल का, अमेरिका को ही उठाना पड़ा है।

पाँचवाँ पक्ष यह है कि लॉकआउट और अन्य निषेधों से सामान्य जीवन के अलावा सारी अर्थव्यवस्था अन्तरराष्ट्रीय स्तर तक बहुत बुरे रूप से प्रभावित हुई है। करोड़ों लोग, भारत में ही, बेरोज़गार, बेघरबार, बेराहत हो गये हैं और उनकी सहायता और पुनर्वास में समय और साधनों की कई सीमाएँ धीरे-धीरे स्पष्ट हो रही हैं। यह आशंका व्यक्त की जा रही है कि महामारी की तुलना में भुखमरी-बेरोज़गारी से कहीं कई गुना ज़्यादा लोग मर सकते हैं!

छठवाँ पक्ष यह है कि इस दौरान राजनीति कुल मिलाकर, लोकतान्त्रिकता, अधिकार-चेतना, न्याय आदि से पिछड़ रही है और उसकी सत्ता-लोलुपता नागरिकता की बुनियादी मानवीयता से मुँह मोड़ रही है।

इतनी जटिलताओं के बीच से हमारा बेदाग़ और साबित निकल पाना असम्भव लगता है। इन जटिलताओं ने जो उलझाव पैदा किया है, उससे निपटना बहुत दुष्कर है। हम एक मोड़ पर हैं जो, कम-से-कम, हममें से ज़्यादातर के जीवन में अभूतपूर्व हैं—समाज, व्यक्ति, राजनीति, अर्थव्यवस्था, संस्थाएँ आदि क्या मोड़ लेंगी इसकी अटकल तक लगाना कठिन है। इतना तो तय है कि हम पहले की तरह की सामान्यता या साधारणता, हस्बे-मामूल में लौट नहीं पायेंगे। उस हालत में हमारा व्यवहार कितना अटपटा, अनाश्वस्त, विचित्र आदि हो जायेगा यह इस मुक़ाम पर कहना मुश्किल है। बदलना तो होगा, पर कैसे, किस हद तक यह अभी न तो स्पष्ट है, न ही निकट भविष्य में हो पायेगा।

कुछ और मुद्दे

कुछ और मुद्दे भी कुछ कवि-बन्धुओं ने उठाये हैं। कोरोना प्रकोप का भारत में सत्तर प्रतिशत उन शहरों में केन्द्रित है जो तथाकथित स्मार्ट सिटीज़ हैं : दिल्ली, अहमदाबाद, मुम्बई, पुणे, सूरत, चैन्नई, इन्दौर, भोपाल, जयपुर आदि। इसका आशय यह है कि शहरी विकास का जो मॉडेल हमने अपनाया है वह न सिर्फ़ अमल में आ रहा है बल्कि हत्यारा और संक्रमण फैलानेवाला भी साबित हो रहा है। क्या अब सत्ताएँ इस अन्धाधुन्ध शहरीकरण को मापने की ओर प्रवृत्त होंगी याने इस मानसिकता को त्याग कर कि हर गाँव को अन्ततः किसी शहर का उपनिवेश बन जाना है? क्या हम गाँवों की ओर जाने की विकेन्द्रीकृत नीति अपनायेंगे? शहरीकरण और औद्योगिकीकरण में जो अपार वित्तीय साधन लगे हैं उन्हें वहाँ से हटाने की राजनीतिक और संस्थागत हिम्मत हमारी सरकारें करेंगी जो कि क्रेन्द्रीकरण को बढ़ाने में अपना हितसाधन देखती आयी हैं? राजनीतिक दलों को जो चन्दे और वित्तीय सहयोग मिलते हैं, वे शहरों में केन्द्रित हैं और वहीं के घरानों, कारपोरेट क्षेत्र, माफ़िया आदि से आते हैं।

जो प्रवासी मज़दूर मूलतः झारखण्ड, छत्तीसगढ़, उत्तर प्रदेश, मध्य प्रदेश, बिहार आदि से लाखों की संख्या में अधिक विकसित राज्यों की अर्थव्यवस्था का सशक्त आधार हैं और जिन्हें उनकी अपनी इच्छा घर लौटने की होते हुए, उन्हें आसानी से विकसित राज्य छोड़ना नहीं चाहते, उन मज़दूरों का उनके मूल राज्य में उसकी अर्थव्यवस्था बेहतर करने के लिए उपयोग करने और इस तरह राज्य में ही रोज़गार देने की कोई पहल ये पिछड़े हिन्दी राज्य करेंगे? क्या हिन्दी राज्य अपनी बुनियादी नीतियों पर गम्भीरता और निर्भीकता से पुनर्विचार कर उनका कायाकल्प कर पायेंगे?

स्वास्थ्य के नाम पर सही हम एक तरह के निगरानी राज्य की ओर बढ़ रहे हैं : यह प्रवृत्ति, दुर्भाग्य से, विश्वव्यापी है। अपनी ज़िम्मेदारी खुले पारदर्शी लोकतान्त्रिक ढंग से निभाने में सुस्त राज्य निगरानी के मामले में बड़ी फुरर्ती दिखा रहे हैं।

मुश्किल यह है कि भारत एक विकल्प बनकर नहीं नक़लची बनकर आत्मतुष्ट है : साफ़ है कि हमने पश्चिमी विकल्प का ऐसा अन्धानुकरण किया है कि आज पढ़ने-सोचनेवाला तबका, हमारा मध्यवर्ग, ़ज्यादातर पश्चिम की ग़ुलामी को अपना अभीष्ट मानकर आत्मसन्तुष्ट है। कोरोना प्रकोप, हम न भूलें, सबसे अधिक समुन्नत देशों में, बुरी तरह से शहरीकरण में रमे हुए अंचलों में, हुआ है।

इस मुक़ाम पर यह याद करना दुखद है कि भारत एक देशमात्र नहीं, एक सभ्यता भी है और हम मानवता के सामने विकल्प की तरह रहे हैं : आज हम अपनी सभ्यता के सबसे क्रूर हो गये पक्षों जातिपरक-साम्प्रदायिक-धर्मान्ध हिंसा के लिए जाने जाते हैं। भारतीय सभ्यता का लय-भंग हो चुका है। यह मुक़ाम है जब हम थोड़ा ठिठककर इस लय को पुनराविष्कृत करने की सोच सकते हैं। इस लय को समझना, उसके स्पन्दन को महसूस करना और उसे फिर से पाने की कोशिश किसी भी क़दर आसान नहीं है, न होगी। एक महामारी, जो हमने किसी भूल-चूक से नहीं उपजायी, हम पर इस क़दर हावी हो गयी है, मूलतः पश्चिमी आधुनिकता की विकृतियों से उपजा एक महारोग है : सारे संसार में उसे फैलाने या फैल जाने देने के बाद, उसका कोई उपचार भी, अन्ततः वहीं से आयेगा। हम महामारी के भी गुलाम, हम उनके द्वारा निर्धारित प्रोटोकोल के गुलाम और उनके आविष्कृत उपचार के भी विवश ख़रीदार गुलाम! क्या यह दुश्चक्र हमें नज़र आता है? क्या हम समृद्धि, सम्पन्नता, उन्नति, विकास, प्रगति आदि अवधारणाओं को सख़्ती से प्रश्नांकित कर उनमें भारतीय विकल्प खोजने को तत्पर हो सकते हैं?

यह स्पष्ट नहीं है कि मनुष्यों पर कहर बरपा करने वाली कोरोना महामारी का अन्य प्राणियों और वनस्पति जगत् पर क्या-कितना प्रतिकूल प्रभाव पड़ रहा है या पड़ेगा। हमारी हाउसिंग सोसायटी में जो पेड़-पौधे-घास आदि हैं और पक्षियों का समूह वह तो अभी पहले जैसा ही है!

15 मई 2020

इन दिनों

इन दिनों सोचने का समय तो ज़रूरत से .ज्यादा मिल रहा है पर सोचना इतना नहीं होता जितना कि हालात पर बिसूरना। पढ़ते-पढ़ते आँखें, जो वैसे ही बूढ़ी हो गयी हैं, थक जाती हैं। लिखना भी कम होता जाता है। जो हो रहा है वह इतना दारुण है कि भाषा उसका बखान तक करने में नाकाफ़ी लगती है। किसने सोचा था कि यह प्रकोप इतने क्रूर-हृदयहीन-निष्करुण समय में बदल जायेगा! उससे निपटने-जूझने के लिए, लगता है, हमारे पास अब समवेदना और सहानुभूति के अलावा कुछ नहीं बचा और उन्हें भी व्यक्त करने का अवसर नहीं है। जैसे हम एक शून्य में घिर गये हैं जो जितना समय ने रचा है उतना अपनी भूल-ग़लती से हमने भी। घर में जैसे .ज्यादातर वक़्त चुप्पी रहती है वैसे ही निश्शब्दता भी आती जा रही है। घबराहट होती है—अपने किये-धरे की निरर्थकता का असहायक तीखा और गहरा होता है। हम एक नीच ट्रैजेडी का शिकार हैं जिसका हमें कोई पूर्वाभास कभी नहीं था। हमें अपनी सजगता का गुमान था पर बहुत कुछ हमारे जाने बिना होता रहा और हम बेख़बरी में लिप्त रहे। कुमार गन्धर्व सूर का एक पद गाते थे : 'ऊधो, करमन की गति न्यारी! मूरख मूरख राजे कीन्हें, पण्डित फिरें भिखारी'। अब तो हमारा विलाप भी अरण्यरोदन है, शब्दशः। अँधेरे में चीख़। ऐसा अँधेरा जो तेज़ धूप में तपती दोपहर में भी आत्मा में, मानों, घर कर गया है।

इन दिनों लगता है कि मोबाइल फ़ोन पर आ रही लाखों मज़दूरों, ग़रीबों की घर वापसी की दिल दहलाने वाली तसवीरें ही हमारे समय की सच्ची ख़बर हैं, बाक़ी सब झूठ, मक्कार और फ़रेबी।

सचाई बिंबाई फटे पाँवों से, तरह-तरह के जुगाड़ करती हुई, अपने पाँवों में कई बार जूतों-चप्पलों के बजाय ख़ाली पानी की बोतल चिपकाये हुए, घर-गाँव लौट रही है : यह हमारे समय की सबसे भयानक, सत्ता की अपार क्रूरता और निर्ममता से उपजी, सचाई है जो विचित्र हुए से, सत्ता से अधिक सच और विश्वसनीय लगती है। सत्ता भले यह न माने, हम अपने घरबन्द अन्तःकरण से यह पहचान सकते हैं कि यह ख़ून-पसीने और अभूतपूर्व यन्त्रणा से रची गयी अदम्य जीवट की यह सचाई अब हमारे समय की सबसे विचलित करनेवाली केन्द्रीय सचाई है। यह सचाई ऐसी है कि सत्ता के द्वारा उसके होने तक को, प्रशासनिक और न्यायिक दोनों ही स्तरों पर अमान्य किये जाने के बावजूद, अब कहीं और से माने जाने का मुँह-जोहती सचाई नहीं है : अपने अभागेपन में अकाट्य, अदम्य।

इस सचाई ने उस विद्रूप को, असमानता की बढ़ती विडम्बना को, एकबारगी हमारे सामने दारुण मानवीय ढंग से प्रत्यक्ष कर दिया है। यह हमें बाध्य करेगा कि हम अपने लोकतन्त्र की गति और दिशा पर फिर से विचार करना शुरू करें। अगर यह लोकतन्त्र लोक के इतने बड़े हिस्से को इस क़दर बदहाली और मुफ़लिसी पर मजबूर कर रहा है तो ज़ाहिर है कि उसका तन्त्र बुरी तरह से लोकमुखी होने के बजाय उसके प्रति उदासीन और जब-तब क्रूर हो रहा है। उसे याने तन्त्र को लोकविमुख होने के लिए तन्त्र में कई मौलिक परिवर्तन ज़रूरी हैं। उन्हें करने की हिम्मत कहाँ?

साहित्य की राजनीति

सबसे पहले तो यह कि लोकतन्त्र अपने हर वयस्क नागरिक को चुनने का अधिकार देकर राजनीतिक बनाता है : आप वोट दें या न दें पर आप एक राजनीतिक इकाई बन जाते हैं। हमारी एक बड़ी विडम्बना यह है कि फिर हम सभी गतिविधियों को, समूचे मानव-व्यापार बल्कि अपने तक को राजनीति का हिस्सा बनाने लगते हैं। ज्ञान, आस्था, सृजन आदि अनेक क्षेत्र हैं जिनमें लोकतन्त्र किसी राजनीतिक हस्तक्षेप या घुसपैठ के सुनिश्चय के लिए समवर्ती संस्थाएँ बनाता है और एक तरह से उन्हें स्वयं को अपनी सीमाओं में, अपनी मर्यादा में रहने के लिए अधिकृत करता है। पर लोकतन्त्र में राजनीति के मुँह इतना ख़ून लग चुका होता है कि यह लगातार इन सीमाओं और मर्यादा का उल्लंघन करती रहती है और कम-से-कम आज ऐसे सभी संस्थानों का इस क़दर अवमूल्यन हो चुका है कि न्याय आदि तक की संस्थाएँ अब राजनीति के अनुकूल आचरण करने से गुरेज नहीं करतीं।

साहित्य अपने आप में संस्था है यह अवधारणा काफ़ी पुरानी है : यह ऐसी संस्था है जो लेखकों-पाठकों-प्रकाशकों-शिक्षकों आदि से मिलकर बनती है पर उसमें व्यक्तिगत स्वतन्त्रता का सुनिश्चय होता चलता है। हर लेखक अपना आत्म, समय, समाज, सम्बन्ध आदि लिखने की कोशिश करता है और इसके लिए स्वतन्त्र होता है कि वह अपना विषय, शिल्प, शैली, भाषा आदि अपनी दृष्टि के अनुसार चुने। साहित्य सिर्फ़ संस्था ही नहीं वह एक तरह से अनौपचारिक जनतन्त्र भी होता है : वहाँ व्यक्ति, समाज, सचाई, समय आदि को देखने बदलने-समझने की कई दृष्टियाँ मुक्त भाव से सक्रिय

रहती हैं और उसमें सबके लिए जगह होती है : जगह आगे-पीछे, कम-ज़्यादा होती रहती है लेकिन जगह की कमी साहित्य में कभी नहीं होती।

इस संस्था से लोकतान्त्रिक और अन्य क़िस्म की सत्ताएँ एक तरह की चुनौती पाती हैं : साहित्य का आग्रह नीति पर याने नैतिक होता है, राजकामी नहीं। साहित्य अपनी नैतिक सत्ता तो स्थापित करता है पर राज्य नहीं। इस संस्थागत ढाँचे के अन्तर्गत दृष्टियों के बीच वाद-विवाद-संवाद और द्वन्द्व होते रहते हैं। इन्हें साहित्य की अपनी राजनीति कहा जाता है। कई बार कुछ लेखक अपनी सामूहिक दृष्टि के प्रक्षेपण-पोषण आदि के लिए कोई संगठन बना लेते हैं : कुछ और लेखक उनसे असहमत होकर एक और संगठन स्थापित करते हैं। हिन्दी साहित्य में ऐसे कई संगठन सक्रिय हैं और उनके बीच तनाव-विवाद होते रहते हैं। ये संगठन अपना वर्चस्व क़ायम करने की भी लगातार चेष्टा करते रहते हैं : अपनी दृष्टि से असहमत लेखकों और पुस्तकों का अनौपचारिक निषेध या बहिष्कार, अकादेमिक जगहों पर अपने सदस्यों को प्राथमिकता, पत्र-पत्रिकाओं द्वारा खण्डन-मण्डन, पुरस्कारों आदि में जोड़-तोड़ आदि हथकण्डे भी अपनाये जाते हैं। लेकिन इसके बावजूद साहित्य में कुछ सार्थक विवाद भी इस राजनीति के चलते-उभरते-होते रहे हैं जिनका सम्बन्ध साहित्य के उद्देश्य, उसकी सामाजिकता आदि से रहा है।

इसका निषेधात्मक पक्ष यह है कि साहित्य की यह राजनीति साहित्य की बुनियादी बहुलता को अवमूल्यित करती है और मान्यता के लिए प्रतिबद्धता का एक मण्डल बना लेती है। हिन्दी में जनधर्मी संगठनों की इस भूमिका को नज़रअन्दाज़ नहीं किया जा सकता। उनमें से प्रायः हरेक ने आरम्भ में बड़ी कट्टरता का बर्ताव किया और धीरे-धीरे उसमें नरमी आती गयी। लेकिन बहिष्कार और कट्टरता की नीति ने कुछ ऐसा माहौल पैदा किया जिसमें इन संगठनों का सदस्य भर होने से आप समाजधर्मी मान लिए गये और उसके बाहर के लेखक समाज-विरोधी। अज्ञेय जैसे बड़े लेखक तक उसके शिकार हुए।

साहित्य की राजनीति का व्यापक राजनीति से क्या सम्बन्ध या संवाद रहा है यह एक टेढ़ा प्रश्न है। भारतीय राजनीति में निरन्तर जैसे-जैसे लोकतन्त्र की आयु बढ़ती गयी वैसे-वैसे उसमें भाषा, साहित्य और कलाओं

के बारे में चिन्ता और सरोकार घटते गये हैं। हिन्दी अंचल में तो यह और भी सच है। वहाँ ऐसा परिवेश विकसित हुआ कि सत्ता के भक्त या लालची मीडियाकरों की जमातों ने पद और पुरस्कार हथियाये और साहित्य के लिए अकादेमियों आदि का जो ढाँचा था वह पूरी तरह से निष्क्रिय और अप्रासंगिक हो गया। इसमें जब-तब अपवाद होते रहते हैं पर वे कुल मिलाकर लगातार अवमूल्यन का नियम ही सिद्ध करते हैं। जहाँ धर्मान्ध-साम्प्रदायिक-हिंसक राजनीति सत्ता में है वहाँ किसी पद या पुरस्कार के लिए कोई महत्त्वपूर्ण लेखक या कृति उन्हें नहीं मिलती! वामधर्मी और वामविरोधी कट्टरता और असहिष्णुता दोनों ने अहित किया है। ऐसे समूहों या संगठनों के विचारधारी दरोगा स्वनियुक्त हैं जो यह फ़ैसला देते हैं कि किस लेखक के पास 'सामाजिक यथार्थ' या 'भारतीयता' आदि है या नहीं। एक तरह की वैचारिक पोलिसिंग।

दूसरी ओर यह भी सही है कि सच्चे लेखकों को यह कट्टरता अतिक्रमित करने में कभी संकोच नहीं हुआ है और उन्होंने अपने विरुद्ध ऐसे इस्तगासों की परवाह नहीं की है। सही यह भी है कि लोकतन्त्र की बुनियादी भावना और मूल्यों के अनुरूप हमारा साहित्य पिछले पचास-साठ वर्षों में, इन विचलनों और अपवादों को छोड़कर, व्यवस्था का आलोचक साहित्य ही रहा है। जो लेखक या कृतियाँ वैचारिक असहिष्णुता के शिकार हुए उन्होंने अपना रास्ता या दृष्टि न तो बदली, न हीं कोई समझौता किया। उनकी उपेक्षा की गयी मगर निन्दा नहीं, पर ज़्यादातर उसमें वे अप्रभावित रहे। अलबत्ता पाठकों का एक बड़ा वर्ग बरगलाया जाकर उनसे दूर जाता रहा।

दुर्भाग्य से आलोचना ने भी इसमें जो भूमिका निभायी है वह वैचारिक प्रश्नाकुलता की नहीं, साहित्य के सत्ता-प्रतिष्ठानों के पिष्टपेषण की रही है। साहित्य-संवाद इस वजह से वैचारिक रूढ़ियों में फँसकर ऊर्जस्वित नहीं, उबाऊ होता रहा है। इसका अपवाद है पर वह हाशिये पर ढकेला जाता रहा है। यह कहना अनुपयुक्त नहीं होगा कि, कम-से-कम मेरे लेखे, साहित्य की राजनीति अगर न होती तो साहित्य के लिए अधिक हितकर होता : लेकिन ऐसी आदर्श स्थिति सचाई में शायद कभी नहीं आती!

20 मई 2020

असम्भव ही सम्भावना

जब आप लाचार होकर सम्भव को भी अवास्तविक मानने को मजबूर हों तब आपको हो सकता है कि असम्भव का ख़याल आये और आप उसकी सम्भावना की कल्पना करने लगें। एक ख़बर आयी कि तिरुपति देवस्थानम् को तालाबन्दी के दौरान कई करोड़ रुपयों की हानि हुई है जो कि वहाँ चढ़ावे में आते अगर भक्तगण वहाँ इस समय सामान्य रूप से आते होते। ये ख़बर भी आती रही हैं कि कई धार्मिक संस्थानों विशेषतः मन्दिरों के पास अपार धन-राशि जमा है। एक ख़बर यह भी आयी कि वैष्णो देवी मन्दिर के प्रबन्धन ने वहाँ कोरोना प्रकोप के सिलसिले में रुके मुसलमान भाइयों के लिए विशेष भोजन की व्यवस्था की है। जहाँ-तहाँ गुरुद्वारों, गिरजाघरों, मन्दिरों, मसजिदों से, विशेषतः घर-वापसी पर निकले लाखों ग़रीबों और मज़दूरों में से कइयों के लिए, बिना भेदभाव के, खाने-पीने का इन्तज़ाम किया है। बहुत सारी स्वयंसेवी संस्थाएँ, समूह, इस विपत्ति के समय बने समूह आदि इस सिलसिले में सहायता और सहयोग कर रहे हैं। अपने को राष्ट्रीय स्वयंसेवक कहनेवाले लोग कहाँ-क्या कर रहे हैं इसका पता नहीं! हो सकता है कि उन्होंने या उनमें से कुछ ने ऐसा किया हो और मेरे नोटिस में न आया हो (आजकल झूठी ख़बर इतनी अधिक हैं कि उनमें से सच्ची ख़बर को नबेरना-खोजना बहुत कठिन है) : जो सचमुच धनाढ्य बड़े धार्मिक मन्दिर, संस्थान आदि हैं क्या वे एक बड़ी राशि साधनहीन, निस्सहाय लोगों के लिए उदारतापूर्वक ख़र्च कर सकते हैं? देश पर इतनी बड़ी विपत्ति स्वतन्त्रता के बाद पहली बार पड़ी है और उसकी मार सबसे अधिक भयावह ढंग से ग़रीब

शोषित-वंचित तबकों पर पड़ी है। हर धर्म में ईश्वर को दीनदयालु माना गया है : क्या ईश्वर की इस दीनदयालुता को ठोस रूप से अपने देश के इन असहाय नागरिकों को अहसास कराने का यह समय नहीं है? पूजा-पाठ आदि अनुष्ठान अपनी जगह हैं और यथासम्भव विधिवत् चलते रहें। पर इस समय सच्ची पूजा तो दरिद्रनारायण की पूजा में ही हो सकती है। इससे अधिक धार्मिक काम कोई और नहीं हो सकता। क्या इस लगभग असम्भव की समय रहते कोई सम्भावना है?

कविता का वर्तमान

इस समय वर्तमान हमें इस क़दर भयावह रूप से आक्रान्त किये है कि हमें कई बार वर्तमान के अलावा, एक अनन्त और असमाप्य वर्तमान के अलावा, कोई और समय सूझता ही नहीं है। चूँकि अन्य समय हैं और वर्तमान ने उन्हें ग़ायब या अतिक्रमित नहीं किया है, कविता के सिलसिले में हमें उसके एक अधिक व्यापक और बहुल वर्तमान के बारे में सोचना चाहिए। हिन्दी कविता का वर्तमान सिर्फ़ उन पाँच-छः पीढ़ियों के कवियों तक महदूद नहीं करना चाहिए जो इस समय कविता लिख रहे हैं : इस वर्तमान में प्राचीन कविता, मध्ययुग, आधुनिकता का दौर आदि में हुए वे सब कवि शामिल हैं जो हमें आज सम्बोधित करते सुनायी देते हैं : वैदिक ऋचाओं, संस्कृत श्लोकों, प्राकृत-अपभ्रंश की पदावली, कबीर की साखियाँ, तुलसी-सूर-मीरा के पद, मीर-ग़ालिब-इक़बाल-फ़िराक़-फ़ैज़ की शायरी, निराला-अज्ञेय-शमशेर-मुक्तिबोध, नागार्जुन, भवानी प्रसाद मिश्र, त्रिलोचन, रघुवीर सहाय-श्रीकान्त वर्मा, साही आदि की कविताएँ जिन्हें हम आज भी पढ़ते-सुनते हैं हमारा याने कविता का वर्तमान हैं। यह एक बड़ा परिवार है—समय के आर-पार फैला हुआ है और हमें इसके कवि या रसिक होने के कारण सदस्य हो सकने का सौभाग्य मिला है। जो कुछ हमसे पहले लिखा गया और अब भी अपनी सार्थकता में बचा हुआ है हमारा पड़ोस है जैसे जो आज लिख रहे हैं वे भी हमारे पड़ोस में हैं। सौभाग्य यह भी है कि भले हम अपने कोरोना-आक्रान्त वर्तमान में अपने भौतिक पड़ोसियों से दूरी बरत रहे हैं, कविता के इस विशाल वर्तमान में कोई दूरी नहीं है—हम सब कुछ को पड़ोस में देख-पढ़-छू सकते हैं।

अगर ध्यान दें तो यह स्पष्ट होगा कि इस समय में दो तरह की आवाज़ें आज अधिक हैं : दलितों और स्त्रियों की। सदियों तक चुप्पी में विवश किये गये लोग अब कविता में मुखर होकर कविता का लोकतन्त्र सशक्त कर रहे हैं : यह विडम्बना अनदेखी नहीं की जा सकती कि भारत में लोकतन्त्र तरह-तरह के सत्ता-प्रपंचों से सिकुड़ रहा है, कविता में लोकतन्त्र बढ़ रहा है। यह याद रखना चाहिए कि अगर प्रश्नवाचकता और बहुलता को लोकतन्त्र की बुनियादी प्रवृत्ति माना जाये तो स्वतन्त्रता के बाद से कविता लगातार दी हुई व्यवस्था के विरोध में खड़ी कविता रही है : एक दिलचस्प अन्तर्विरोध यह है कि स्वयं कविता के अपने समाज में किसी-न-किसी तरह की व्यवस्था स्थापित होती रही है और इसको प्रश्नांकित करनेवालों को जगह तो मिली है पर मान्यता नहीं जो कि लोकतान्त्रिक नहीं रहा है। फिर भी, कविता में ऐसे अनेक जीवन-प्रसंग, छवियाँ और आशय आये हैं जो उसमें पहले नहीं थे।

यह प्रश्न बार-बार उठता है कि वर्तमान कविता को समझने और जाँचने के आधार क्या होंगे? अलग-अलग रसिकों के अलग-अलग आधार हो सकते हैं, होते रहे हैं। उसमें आपस में संवाद और द्वन्द्व भी होते रहते हैं। अपनी ओर से सामान्यीकरण की सीमाएँ जानते हुए कुछ आधार प्रस्तावित कर सकता हूँ : कल्पना (किस कोटि की, कितनी प्रगल्भ, किस प्रकार क़दर विकल्पशील, कितनी मुक्त!); स्मृति (कैसी परम्परा का उत्तराधिकरण, कितनी जातीय, कितनी सांस्कृतिक-सामाजिक, कितनी निजी?); अन्तर्ध्वनियाँ (पहले की कविता, दूसरे कवियों की कितनी अनुगूँज?); भाषा (भाषा की कितनी शक्तियों का उपयोग, भाषा की अनजानी जगहों पर ले जाने का जोख़िम, शब्दों में नये अर्थारोपण, शब्दों की सटीकता?); सचाई से सम्बन्ध (अपनी सचाई का सार्थक रूपायन, सचाई से संवाद और द्वन्द्व, सचाई का बखान, प्रश्नांकन, स्वमान्य सचाई का कैसा-क्यों अतिक्रमण?); स्थानीयता (ब्यौरे, बिम्ब, कविता कहाँ अवस्थित?); शिल्प (कैसा गठन, लय, कौशल?); नवाचार (क्या विचलन, नये मार्ग की खोज की कोशिश, नयी उद्‌भावना?) और दृष्टि (औसत नैतिकता से कितना विचलन, कौन से सरोकारों की चरितार्थता, संसार-भाषा से कैसा अनुराग या विराग?)। ये आधार ऐसे हैं

जो किसी भी समय की कविता में पाये-जाँचे-परखे जा सकते हैं। ज़ाहिर है कि इनमें घटत-बढ़त भी की जा सकती है।

अगर कविता से वर्तमान के एक महत्त्वपूर्ण हिस्से आज युवाओं द्वारा लिखी जा रही कविता पर ध्यान केन्द्रित करें तो यह स्पष्ट होगा कि इस कविता को आधुनिक काल में प्रचार-प्रसार-प्रकाशन के अभूतपूर्व अवसर मिले हैं। याद करें कि शमशेर बहादुर सिंह का पहला कविता-संग्रह तब निकला जब वे 50 वर्ष की आयु के होनेवाले थे और मुक्तिबोध तो 47 वर्ष की आयु तक पहुँचने से पहले दिवंगत होने पर भी अपना पहला कविता-संग्रह प्रकाशित नहीं देख पाये थे। 1970-74 के बीच 'पहचान' पत्रिका के अन्तर्गत तब के पन्द्रह युवा कवियों के पहले कविता-संग्रह पुस्तिकाओं के रूप में प्रकाशित हुए थे। अच्छा है कि आज यह स्थिति नहीं है और युवा कविता कई प्रकाशकों द्वारा प्रकाशित-प्रोत्साहित की जा रही है। अनेक अनजानी जगहों से युवा कवि आ रहे हैं : यह कविता का बहुत रोचक और उत्तेजक विकेन्द्रीकरण है।

लेकिन कुछ ख़तरे भी, विशेषतः तुरन्त संचार की मोबाइल फ़ोन सुविधा, नैट और वेब आदि के कारण, सामने आये हैं : युवाओं में लोकप्रियता और सफलता का मोह सार्थकता की चिन्ता की बलि देकर बहुत फैल गया है। उनमें विफलता की सार्थकता की कोई पहचान नहीं है। तात्कालिकता का प्रलोभन भी गहरा गया है : बहुत सारे युवा तात्कालिक मान्यता की आकांक्षा और कोशिश करते नज़र आते हैं। कई युवा कवि अपनी एक बिरादरी सी बनाकर आत्मतुष्टि के बाड़े में अपने को जाने-अनजाने सीमित कर रहे हैं। बहुतों में, उनकी कविता में अख़बारी क़िस्म का इकहरापन है—उन्हें याद ही नहीं है कि उनसे पहले भी कविता, अच्छी, सार्थक और महान् कविता लिखी गयी है। उसकी कोई अन्तर्ध्वनि उनमें पकड़ पाना मुश्किल है। कई बार युवाओं की कविता में मौजूदा स्थिति की भयावहता, लोकतन्त्र में की जा रही कटौतियों, प्रश्नांकन की सिकुड़ती जगह, धर्मान्धता-साम्प्रदायिकता के बढ़ते भूगोल की कोई चिन्ता, कोई बेचैन बोध दिखायी नहीं देता। कहीं-न-कहीं बहुत सारी युवा कविता ने स्थापित व्यवस्था से एक तरह का अबोध समझौता कर लिया है, यह भूलकर कि ऐसा कोई भी समझौता

कविता की बुनियादी नैतिकता और आत्मालोचन का क्षरण है। इन विचलनों का प्रत्याख्यान यह करके नहीं किया जा सकता कि पहले के युवा कवियों पर भी ऐसे ही आरोप लगे थे : जिन पर लगे थे उनकी कविता आज याद नहीं की जाती! कविता अपने जीवट भर से नहीं अपने जोख़िम से ही आगे बढ़ती आयी है। अपने समय में बेहद नाराज़ कवि श्रीकान्त वर्मा ने कहा था : 'जो बचेगा, कैसे रचेगा?'

27 मई 2020

निर्ममता का भूगोल

इन दिनों भारत का नक़्शा अन्तर्विरोधग्रस्त नज़र आता है : उसमें निर्ममता का भूगोल पसरता-फैलता दीख पड़ता है तो संवेदना और सहायता का भूगोल भी इस क्रूर निर्ममता को बार-बार जहाँ-तहाँ अतिक्रमित करता नज़र आता है। लोकतन्त्र का अधिकांश तन्त्र अद्भुत, अप्रत्याशित और बिल्कुल अतर्कित क्रूरता दिखा रहा है : इस हृदयहीनता के विशाल परिसर में रेलगाड़ियाँ, ग़रीब मज़दूरों आदि को उनकी घरवापसी की कोशिश में विशेष रूप से नियोजित बीसियों की संख्या में अपने लक्ष्यों से लगातार भटक कर कहीं और पहुँच रही हैं—उनमें यात्रियों के लिए खाने-पीने की व्यवस्था अपर्याप्त है, लोग संडास का पानी पीने पर मजबूर हो रहे हैं। रेलवे के अधिकारियों ने इस वक़्त तक भटकी और भयानक विलम्ब से चलनेवाली गाड़ियों और उनसे हुई मानवीय असुविधा और भयानक कष्ट के लिए न तो माफ़ी माँगी, न दोषी अधिकारियों को दण्डित किया। उलटे इसे सामान्य घटना बताया। किसी ऐसी गाड़ी के कहीं रुकने पर जिन मुसलमान भाइयों ने खाना-पानी, बिना किसी भेदभाव के, यात्रियों को दिया, उन्हें उत्तर प्रदेश की पुलिस ने किसी उल्लंघन के अभियोग में गिरफ़्तार कर लिया है। सत्ता क्रूर होने के साथ उद्दण्ड और सर्वथा हृदयहीन हो रही है। किसी स्टेशन पर एक बच्ची अपनी माँ को जगाने की कोशिश कर रही जबकि वह स्त्री मर चुकी है। इस करुण दृश्य को देखकर क्या प्रशासन के किसी अंग ने अपनी निष्करुण संवेदनहीनता पर पुनर्विचार किया? नीचता की हद तक जाकर राजनीति इस समय बड़े पैमाने पर अपने साधनहीन असहाय नागरिकों के साथ अन्याय और

अत्याचार कर रही है। तन्त्र, दुर्भाग्य से, इस राजनीतिक नीचता में, बिना कोई नैतिक संकोच किये, शिरकत कर रहा है। राजनीति की सर्वग्रासिता का इतना अभूतपूर्व विस्तार हुआ है कि अब तन्त्र अपनी स्वतन्त्रता, न्यायबुद्धि, अधिकार सब उसके हवाले कर चुका है।

इस असभ्य और अमानवीय क्रूरता के, बरक्स भारतीय नागरिकता का एक ऐसा असंगठित, स्वतःस्फूर्त हिस्सा दूसरे अभागे नागरिकों की, जोख़िम उठाकर भी, सहायता कर रहा है। इसमें, धर्मों-जातियों-सम्प्रदायों के नागरिक दोनों ओर शामिल हैं—जो सहायता कर रहे हैं उनमें और जो यह सहायता पा रहे हैं उनमें भी। भारतीय नागरिकता का यह हिस्सा, सत्ता और न्यायालय उसके साथ कैसा भी दुर्व्यवहार करें, हमारी बुनियादी मानवीयता को जगा और लोकतान्त्रिक मूल्यों को सत्यापित कर रहा है। असल जनप्रतिनिधि तो ये लोग हैं जो जन की विपत्ति में उसकी मदद करने आगे आये हैं—वे नहीं जो वोट लेकर नोट लेने-जुगाड़ने के दुष्चक्र में फँसकर सड़कों पर मदद के लिए आगे आने से कतरा रहे हैं। क्यों देश के हर अंचल में वहाँ के विधायक, सांसद, पार्षद आदि स्थापित चुने हुए प्रतिनिधि वहाँ राहत शिविर चला कर अपने सारे साधनों को इस समय लोगों को राहत और मदद में नहीं लगा रहे हैं? क्या लोग, क्या भारत इन तथाकथित प्रतिनिधियों द्वारा अपने ग़रीब बन्धुओं के साथ किये गये विश्वासघात को भूल पायेंगे?

मुश्किल यह है कि विपत्ति में फँसे और कुप्रबन्ध द्वारा फँसा दिये गये लोगों की संख्या करोड़ों में है और उन्हें राहत-मदद पहुँचानेवाले अन्तःकरण के योद्धाओं की संख्या और साधन सीमित हैं। इस कारण भारत में निर्ममता का भूगोल अधिक व्यापक और दुखदायी है। अरुन्धती राय का कहना ठीक है कि राष्ट्र की कल्पना से ग़रीब अदृश्य हो गये हैं। यह कहना मुश्किल है कि अब जब सोशल मीडिया पर मुख्यतः और दूसरे मंचों पर भी ये बदहाल बेराहत ग़रीब लगातार भयावह यन्त्रणा से गुज़रते हुए दीख पड़ रहे हैं तो सचाई की ये छवियाँ हमारी राष्ट्रीय कल्पना में हमेशा के लिए नहीं तो कम-से-कम काफ़ी समय के लिए दाख़िल हो जायेंगी।

सुप्रीम कोर्ट ने पहले तो इस मामले में हस्तक्षेप करना ज़रूरी नहीं समझा और अब दो महीनों बाद, जब लगभग एक करोड़ लोग इतनी मुसीबत झेलकर घर-गाँव पहुँच चुके, हस्तक्षेप कर उन्हें रेल-किराया, शरण और खान-पान देना केन्द्र और राज्य सरकारों की ज़िम्मेदारी बताया है। क्या यह विलम्बित न्याय, न्याय न कर पाने के बराबर नहीं है?

परिवर्तन के सन्दर्भ

साहित्य में परिवर्तन को किसी राजनीतिक-सामाजिक परिवर्तन से जोड़कर देखने की एक लोकप्रिय रूढ़ि ही बन गयी है। उदारीकरण, सोवियत संघ का विघटन, बाबरी मसजिद ध्वंस, नवपूँजीवाद का विस्तार, लोकतन्त्र का वर्तमान संकोच आदि जो व्यापक परिवर्तन हुए या हो रहे हैं उनका प्रभाव साहित्य पर पड़ना स्वाभाविक है। अक्सर तो इन प्रभावों को सामान्यीकृत करके देखा-समझा जाता है और थोड़ा-बहुत किसी कृति-विशेष के विश्लेषण में भी ऐसे सामान्यीकरणों का इस्तेमाल होता है। कुल मिलाकर यह धारणा प्रबल और व्यापक होती रही है कि साहित्य में परिवर्तन स्वयं साहित्य के अपने कारणों से कम बाहरी कारणों से अधिक होते हैं। कई बार तो इस अतिरेक तक आसानी से पहुँचा जाता है मानों कि साहित्य को अपने से बदलने का कोई हक़ या ज़रूरत ही नहीं है। कई बार इसकी कोई पहचान सक्रिय नहीं होती कि साहित्य में कुछ परिवर्तन, कुछ रुझान, किसी सामाजिक-राजनीतिक वृत्ति के कारण नहीं साहित्यिक कारणों से भी होते हैं। किसी भी लेखक को, अपने समय की, मुक्तिबोध के शब्दों में, जड़ीभूत सौन्दर्याभिरुचि खोजने-चरितार्थ करने का उचित उत्साह हो सकता है। दूसरे शब्दों में, साहित्य में परिवर्तन लाने के लिए लेखक को हमेशा साहित्य से बाहर हो रहे परिवर्तन का मुँह जोहना या प्रतीक्षा नहीं करनी पड़ती। कई बार ऐसा हुआ है कि साहित्य में परिवर्तन का, जो समाज या सचाई में होने जा रहा है या भविष्य में अवश्यम्भावी है, पूर्वाभास होता है। मुक्तिबोध की क्लैसिक कविता 'अँधेरे में' को, इस सन्दर्भ में, याद किया जा सकता है। यह कविता आश्चर्यजनक रूप से आपात्काल और हमारे आज के

कुसमय का विलक्षण पूर्वाभास है। वह अपने लिखे-छपे जाने के समय जितनी प्रासंगिक थी, उससे कहीं अधिक प्रासंगिक आज लगती है। ज़ाहिर है कि यह सौन्दर्याभिरुचि सामाजिक और अन्य तत्त्वों को हिसाब में लेकर ही बनती, विकसित होती है। सौन्दर्य और संघर्ष को परस्पर विलोम की तरह देखना-बरतना साहित्य रचने और उसे पढ़ने-गुनने की निहायत भोंथरी समझ का प्रमाण है। शमशेर ने यों ही नहीं कहा था : 'शब्द का परिष्कार स्वयं दिशा है।' कई बार यह देखकर बहुत खेद होता है कि हम जितना महत्त्व सामाजिक यथार्थ को देते हैं इतना शब्द को नहीं : शब्द भी यथार्थ है—उसके बिना कोई भी यथार्थ हम विन्यस्त नहीं कर सकते।

'बैठ कबीरा जीम'

पिछले दो महीनों में विभिन्न धर्मों और सम्प्रदायों के लोगों ने जिस तरह से जोख़िम उठाकर भी, ख़ासकर देश की अनेक सड़कों पर ग़रीब मज़दूरों आदि को राहत और खान-पान की मदद की है उसे देखकर कबीर की एक साखी याद आयी :

काबा घिर कासी भया, राँमहि भया रहीम।
मोट चून मैदा भया, बैठि कबीरा जीम॥

भारत की साधारण अज्ञातनाम नागरिकता ने अपने व्यवहार से उम्मीद का, निर्ममता के बरक्स, एक नया आख्यान रचा है। यह आख्यान हमारे समय में, बहुत अभागे और निष्करुण सत्ता-समय में, कबीर का सिर्फ़ शब्द में नहीं कर्म में पुनराख्यान है।

1 जून 2020

प्रकोप की विडम्बनाएँ

हम एक महामारी के प्रकोप में, थोड़ा-सा नरम किये गये लॉकडाउन में जी रहे हैं : एक तरह से सब पर काल की छाया है। सब संकट में हैं, सब एक-दूसरे से अलग-अलग पड़ गये हैं। ऐसे समय में हम सभी मिलकर एक-दूसरे के, सकल संसार के, जो सबसे अधिक वेध्य और वंचित हैं उनके कल्याण की स्वस्तिकामना करें। जितना बन पड़े दूसरों की मदद करें, राहत और दिलासा दें। लॉकडाउन की आड़ में सत्ताएँ क्रूरता, निमर्मता, अनाचार आदि कर रही हैं उन पर नज़र रखें और जैसे भी सम्भव हो उनका प्रतिरोध करें। थोड़ा-बहुत ऐसा सोशल मीडिया पर हो भी रहा है, भक्तों की गाली गलौज के बावजूद। ऐसे लोगों की संख्या भी कम नहीं है, जो इस अभागे समय में जोख़िम उठाकर मदद कर और राहत देने की हरचन्द कोशिश में लगे हुए हैं। उनमें से अधिकांश साधारण लगभग नामहीन नागरिक हैं और वे सजग-संवेदनशील मानवीय नागरिकता की उजली शबीह हैं। पर दुर्भाग्य से ऐसे लोग भी हैं ही जो इन दिनों भी अपनी भड़ास निकालने से बाज़ नहीं आ रहे हैं। वे सोशल मीडिया पर अपनी क्षुद्र दुश्मनियाँ निभा रहे हैं : अपनी कल्पित वीरगाथा रच रहे हैं और अपने सही-ग़लत शत्रुओं को, अपने जाने, अपने वाग्तीरों से परास्त कर रहे हैं। ऐसी वीरगाथाएँ तो भंगुर हैं ही, ऐसी कीचड़-उछाल से भी कुछ हासिल नहीं हो सकता। कोई भी लेखक या कृति अपने से मरती है या जीवित रहती है : किसी के कोसे या चाहे वह न तो मृत न उत्तरजीवी हो सकती है।

साहित्य और कलाओं में विवाद या मत-भिन्नता किसी महामारी से समाप्त या स्थगित हो जायेंगे यह दुराशा ही होती है। जब चारों ओर भीषण

असुरक्षा का माहौल हो तो ऐसे बहुत होते हैं जिन्हें अपनी सुरक्षा दूसरों को ध्वस्त करने में लगती है। शायद यह भ्रम भी उन्हें हो जाता है कि ऐसा ध्वंस उन पर ध्यान केन्द्रित करेगा। अलबत्ता यह चिन्तनीय है कि ऐसा हो रहा है। मिर्ज़ा का मिसरा फिर याद आता है : 'आदमी को भी मयस्सर नहीं इन्साँ होना'।

किसी ने मुझे फ़ोन कर कहा कि क्या ऐसा व्यवहार उसी तरह का कदाचार नहीं है जैसा सत्ताएँ इस समय पूरी बेशर्मी से कर रही हैं? मैंने उत्तर में यह कहने की कोशिश की कि जब राजनीति, सत्ता, न्यायसंस्थाओं, मीडिया के अधिकांश में विवेक और संयम न बचा हो तो उसकी उम्मीद साहित्य-समाज से कैसे की जा सकती है? उन सज्जन ने कहा कि क्या साहित्य उदात्त का क्षेत्र नहीं रह गया है? मैंने उनसे कहा कि हमें लेखकों और साहित्य में अन्तर करना चाहिए : साहित्य तो उदात्त और उस पर लगातार मँडराते संकटों का क्षेत्र बचा हुआ है : कुछ लेखक अगर उससे दूर जा रहे हैं तो उसे एक विडम्बना की तरह देखना चाहिए। उन्होंने कहा कि साहित्य हमें मनुष्य के एक दर्ज़ा कम होने से कैसे बचा सकता है अगर लेखक ही अपनी मनुष्यता से स्खलित होते हैं? मैंने यह कहकर संवाद ख़त्म किया कि साहित्य टुच्चेपन से बचता है, कुछ लेखक कई बार नहीं बच पाते। कुछ टुच्चे व्यक्ति भी अपने लेखन में टुच्चेपन से बच जाते हैं, भले अपने व्यवहार में नहीं।

पुनरवतरण

कोशिश मैंने की थी ललित कला अकादेमी के अध्यक्ष रहते कि उनके लेखन का एक बड़ा संचयन निकल सके उनके जीवित रहते पर ऐसा, दुर्भाग्य से, हो नहीं पाया। के.बी. गोयल ऐसे कलालोचक थे जिन्होंने बहुत गम्भीरता, ज़िम्मेदारी, कुशाग्रता और अध्यवसाय से साठ के दशक से लेकर नब्बे के दशक तक अधिकतर अख़बारों में छपनेवाली समीक्षाओं के रूप में कलालोचना लिखी। उसका एक संचयन 'के.बी. गोयल : क्रिटिकल राइटिंग्ज़ आन आर्ट' शीर्षक से श्रुति पार्थसारथी के सम्पादन में, गीता कपूर के प्राक्कथन के साथ, शेर-गिल सुन्दरम् फ़ाउण्डेशन के लिए तूलिका बुक्स ने हाल ही में प्रकाशित किया है। कुछ वर्ष पहले ऐसा ही एक संचयन रिचर्ड बार्थोलोम्यू के कला-लेखन का, रज़ा फ़ाउण्डेशन के सहयोग से, प्रकाशित हुआ था।

गोयल ने मुख्यतः आधुनिक भारतीय चित्रकला पर लिखा, उन कलाकारों के माध्यम से जिनकी एकल या सामूहिक प्रदर्शनियाँ, ज़्यादातर दिल्ली में, आयोजित हुईं। पर ये पश्चिमी कला-जगत्, उसके कलाकारों और चिन्तन से भलीभाँति वाकिफ़ थे। कह सकते हैं कि उन्होंने निरन्तर भारतीय कला को विश्व कला के सन्दर्भ में रखकर देखने-समझने की चेष्टा की। कहना न होगा कि एक तरह से यह विश्व-सन्दर्भ भारतीय कला ने इस दौरान स्वयं अपने लिए चुना था और गोयल का लेखन इसे बख़ूबी हिसाब में ले रहा था।

पुस्तक पाँच खण्डों में विभाजित है : कलाकार, संस्थान, कला और विचार, समीक्षाएँ, कैटलाग। गोयल का रेंज विस्तृत है और वे राजा रवि वर्मा,

अमृत शेर गिल, पिकासो से लेकर हुसेन, सूज़ा, आरा, शंख चौधुरी, सतीश गुजराल, मनसा राम, के एस कुलकर्णी, जगदीश स्वामीनाथन, मनजीत बावा, विवान सुन्दरम् तक पर लिखते हैं। उनकी रुचि का भूगोल अनेक परस्पर विरोधी वृत्तियों को आसानी से समो लेता था। गोयल की निजी घनिष्ठता सूज़ा, स्वामीनाथन और विवान से रही और तीनों एक-दूसरे से बिल्कुल अलग दृष्टि के कलाकार थे : सूज़ा पश्चिमी सौन्दर्य-शास्त्र में रमे थे, स्वामी पश्चिमी इतिहास की एकरैखिक धारणा को अस्वीकार कर कला की सर्वत्र तात्कालिकता में यक़ीन करते थे और विवान इतिहास-बोध से लैस।

गोयल की समीक्षाओं के शीर्षकों से पता चल सकता है कि वे उसके कलाकारों के काम में क्या खोज पा रहे थे : 'रोमेण्टिक कलाकारों में अन्तिम' (गायतोण्डे), 'कई हुसेनों का जन्म' (हुसेन), 'चेतना का चमत्कार' (कृष्ण खन्ना), 'अपनी भूलभुलैया में कलाकार' 'तर्कशील मानस का अफ्रीका' (जगदीश स्वामीनाथन), 'जब कला सिर्फ़ कला जैसी दिखती है' (विवान सुन्दरम्)।

गोयल ने अपने कला-चिन्तन को कई पश्चिमी आधुनिकों के साथ संवाद के रूप में रखा और उनमें लूकाच, अर्न्स्ट फ़िशर, मार्सेल दूशाँ, आर.वी. कीटाई, कांज़ीमीर मालेविच आदि शामिल हैं। पर थोड़ा अचरज हो सकता है कि ऐसा ही संवाद गोयल ने भारतीय आधुनिक चिन्तकों या परम्परा से नहीं किया। पर उन्होंने जो किया वह निश्चय ही भारतीय कलालोचना को समृद्ध करता है। इन दिनों लॉकडाउन के कारण इस पुस्तक पर व्यापक बौद्धिक चर्चा शायद स्थगित है पर यह देर-सबेर होगी, होना चाहिए इसमें कोई सन्देह नहीं। इसमें भी नहीं कि यह एक ज़रूरी और उत्कृष्ट सन्दर्भ-ग्रन्थ भी है।

‘अपना आप लखाबा’

इस बीच कबीर जयन्ती पड़ गयी। उनका एक पद याद आया :

हम सब माहि सकल हम माही।
हम मैं और दूसरा नहीं॥
तीन लोक में हमारा पसारा। आवागमन सब खेल हमारा॥
खट दरसन हम करियत भेखा। हमही अतीत रूप नहीं रेखा॥
हमहीं आप कबीर कहावा। हमहीं अपना आप लखावा॥

यह सोचने की बात है कि क्या इस बीच अपने घरबार में क़ैद रहने के बाद–75 दिन हो गये लॉकडाउन के–क्या हमारा कुछ आत्मविस्तार हुआ है? क्या इसका अहसास बढ़ा या फैला है कि हम सबमें हैं और सकल हममें हैं? ऐसी लाचार हालत में, जिसमें सब दूसरे दूर और लगभग अदृश्य हो गये हैं, इसमें से कितने हैं जो महसूस करते हैं ‘और दूसरा नहीं?’ कबीर जैसे तादात्म्य और सर्वसमावेशी विराटता के क्षण शायद हरेक के जीवन में कभी-न-कभी ज़रूर आते हैं : क्या इस दौरान, जब समय ही समय था, ऐसे क्षण आये? क्या इस अवधि में कभी लगा कि ‘हमहीं अपना आप लखावा’? इसका उत्तर कबीर को नहीं, हमही को अपने से चाहिए या शायद न ही चाहिए?

12 जून 2020

दूरियों की दुनिया

शमशेर बहादुर सिंह की एक कविता में टेक थी : ‘इतने पास अपने’। हमने इसे ‘पूर्वग्रह’ के एक कविता-विशेषांक का शीर्षक बनाया था। यह सत्तर के दशक की बात है। अब हम अप्रत्याशित रूप से एक ऐसे समय में आ गये हैं कि पास आने के बजाय दूर रहना ज़रूरी हो गया है : हम अपने को दूसरों से दूर रखने को विवश हो गये हैं और दूसरे हमें अपने से दूर। 21वीं शताब्दी का दूसरा दशक पूरा नहीं हुआ है और हमारी दुनिया, विचित्र और दुखद ढंग से, दूरियों की दुनिया हो गयी है। हम इन दिनों दूरियों का आचार-शास्त्र रचने और उसका पालन करने में लगे हैं। हमारे संवाद, दैनिक आचरण, व्यवहार आदि सब दूरियाँ बनाये रखने के जतन और उत्सुकता से नियमित हो रहे हैं। अभी यह स्पष्ट नहीं है कि हम दूरियाँ बनाये रखकर किस तरह की सामुदायिकता संरचेंगे। अब तक जो लगाव और निकटता से सम्भव होता था, वह अब अलगाव और दूरी से कैसे सम्भव होगा?

हमारे यहाँ न सिर्फ़ भौतिक दूरी को सामाजिक दूरी कहा जा रहा है, कोरोना प्रकोप ने कुछ और बढ़ती या जानबूझ कर बढ़ाई जा रही दूरियों को भी उजागर कर दिया है : हम तो महामारी प्रकोप के कारण और उसके आतंक में एक-दूसरे से मुनासिब दूरी बरत रहे हैं लेकिन जो दूसरी सामने आ रही हैं उनका ऐसा कोई औचित्य या आधार नहीं है। यह प्रकोप उनके होने-बढ़ने का बहाना भर है। यह साफ़ देखा और महसूस किया जा सकता है कि हमारे लोकतन्त्र में लगातार तन्त्र लोक से दूर हो रहा है; पुलिस सुरक्षा से दूर जा रही है; धर्म अपने अध्यात्म से दूर जा रहे हैं; मीडिया सचाई से दूर जा चुका है; सत्ता नागरिकता से दूर चली गयी है; न्यायालय न्याय से

दूर जा रहे हैं और राजनीति नीति से। ये दूरियाँ प्रकोप के कारण पैदा नहीं हुई हैं : वे सत्ता के लगातार बढ़ते केन्द्रीकरण का परिणाम हैं।

इन दूरियों को मौन-मुखर समर्थन देने या उनकी अनदेखी कर अपने में आत्मतुष्ट रहनेवाला मध्यवर्ग इस समय इन बढ़ती दूरियों के कारण तरह-तरह की व्यवस्थाओं में जो संकट उत्पन्न हो गया है उसे झूठी ख़बर मान रहा है। उसके लिए यह संकट कुछ विघ्नसन्तोषियों द्वारा फैलायी गयी अफ़वाह भर है। ये दूरियाँ समाज में हिंसा-हत्या-अन्याय-अत्याचार की प्रवृत्तियों को खुल्लमखुल्ला प्रोत्साहित और सक्रिय कर रही हैं। यह तटस्थता, उदासीनता, संवेदनहीनता हमें, हमारी राजनीतिक-आर्थिक-नैतिक व्यवस्थाओं को कहाँ ले जायेंगी इसका अनुमान फ़िलवक़्त लगाना मुश्किल है। पर इतना तो, फिर भी, साफ़ है कि हम निर्लिप्त नहीं रह पायेंगे : दूरियाँ बढ़ाकर हम न बचेंगे, न दूसरे। भारतीय समाज टूट के कगार पर है यह हमारे समय की सबसे भयानक ख़बर है।

उम्मीद की सरहद

ऐसे लोग तो बहुसंख्यक हैं जो साहित्य न तो पढ़ते हैं, न ही उससे कोई उम्मीद लगाते हैं। उनके व्यस्त जीवन में साहित्य कभी-कभार कुछ मनोरंजन कर देता हो तो ठीक है वरना उसकी कोई ज़रूरत उन्हें नहीं लगती। इस बड़े वर्ग में वे लोग भी होते हैं जिनकी भूमिका कई महत्त्वपूर्ण क्षेत्रों जैसे राजनीति, आर्थिकी, विज्ञान, व्यापार, मीडिया, धर्म, शिक्षा आदि में बड़ी निर्णायक होती है। इसका सीधा आशय यह है कि समाज और दुनिया का बहुत बड़ा हिस्सा अपना काम बिना साहित्य के बख़ूबी चला लेता है। मैं एक हाउसिंग सोसायटी में रहता हूँ जिसमें 100 फ़्लैट हैं और उनके प्रायः सभी रहवासी यह जानते हैं कि मैं एक लेखक हूँ और मेरे पास पुस्तकों का एक बड़ा संग्रह है। उनमें से आज तक किसी ने—मैं 2003 से यहाँ हूँ—न तो कोई जिज्ञासा प्रगट की, न समय गुज़ारने या मनोरंजन के लिए कभी कोई पुस्तक माँगी। कोविड 19 के लॉकडाउन के दौरान भी नहीं। यह भारत के अधिकांश मध्यवर्ग की हालत है। उस पर तरस खाने का कोई औचित्य नहीं है क्योंकि वे, साहित्य के बिना भी, सुखी और सन्तुष्ट, सफल और सम्पन्न हैं। भले और मददगार हैं—उनके पास आधुनिक जीवनशैली के सभी उपकरण अच्छी हालत में हैं। अभी कल ही उनमें से एक को दूसरे से यह कहते सुना कि जो लोग गाँव-घर वापस गये हैं मज़े में हैं—उन्हें मुफ़्त राशन और मनरेगा में रोज़गार मिल रहा है। दूसरा मुखर हामी भर रहा था।

यह वह परिवेश है जिसमें हम जैसे सिरफिरे कुछ लेखक साहित्य लिखते-पढ़ते और उससे उम्मीद लगाते हैं। यह उम्मीद अक्सर हम शायद अपना मनोबल बढ़ाने के लिए अतिरंजित करते हैं, इसे नज़रअन्दाज़ कर

कि हमारे आसपास और कई बार तो अपने परिवार में ही साहित्य की कोई जगह और ज़रूरत नहीं है। अगर हिन्दी का बड़ा अंचल ही लें तो पिछले साठ-सत्तर बरस के साहित्य ने अपने ही लोकतन्त्र का मानवीय सघन क्रीटीक तरह-तरह से प्रस्तुत किया है : इस दौरान जो बड़े हिन्दी लेखक हुए हैं उनमें से अधिकांश राजनीतिक-धार्मिक-आर्थिक सत्ताओं से असहमत, उसके आलोचक रहे हैं। फिर भी, आज हिन्दी समाज सबसे अधिक धर्मान्धता, जातिविद्वेष, साम्प्रदायिकता, हिंसा, हत्या, क़ानून के खुल्लमखुल्ला अतिक्रमण, घृणा आदि की चपेट में हैं।

इस विपर्यय को कई ढंग से देखा-परखा जा सकता है। यह कहने का प्रलोभन हो सकता है कि हमारा साहित्य हमारे सामाजिक यथार्थ को प्रभावित करने में विफल रहा है। यह भी दावा किया जा सकता है, जो मैं कुछ दशकों से करता रहा हूँ, कि हिन्दी साहित्य हिन्दी समाज का राजनीतिक विपक्ष है। यह भी लग सकता है कि साहित्य से इतनी अधिक उम्मीद करना उचित नहीं है—आधुनिक समाज में साहित्य की वह स्थिति और ज़रूरत नहीं है जोकि, उदाहरण के लिए, भक्तिकालीन समाज में थी। यह भी नोट किया जा सकता है कि हाशिये पर रहकर ही शायद साहित्य थोड़ा-बहुत प्रभाव उत्पन्न कर सकता है। उसकी अल्पसंख्यकता हमारे समय में लगभग जैविक है और उसे इससे अधिक की उम्मीद नहीं करना चाहिए। लेखकों के अपने समाज में हम भले अपनी स्थिति और क़द पर इतरा लें, नागरिक समाज में हम ऐसा नहीं कर सकते क्योंकि वहाँ हमारी हैसियत बहुत कम है।

‘पातौं पातौं दुःख’

इस पर ध्यान जाना चाहिए कि भले हमारे भक्त कवि आस्था में निमग्न रहते थे, उनमें जीवन-समाज, अन्तः और बाह्य जगत् की सचाई का गहरा और तीख़ा अहसास कम नहीं था : उनके आस्था-पगे नयन सचाई को देखने से कभी विरत या उदासीन नहीं होते थे। यह कबीर, तुलसी, सूर, रैदास आदि सभी के बारे में सही है। इन दिनों कबीर को अक्सर उलटता-पुलटता रहता हूँ तो इस बार ध्यान गया इन दोहों पर :

जदि का माई जनमियाँ, काहू न पाया सुख।
डाली डाली मैं फिरौं, पातौं पातौं दुःख॥

स्वामी होना सोहरा, दोहरा होना दास।
गाड़र आनी ऊन को, बाँधी चरै कपास॥

कबीर मन पंखी भया, उड़िकै चढ़ा अकासि।
उहाँ ही तै गिरि पड़ा, मन माया के पासि॥

पानी हू तें पातरा, धूँवाँ हू ते छीन।
पवना बेगि उतावला, सो दोस्त कबीरै कीन॥

कबीर कलि खोटी भयी, मुनि भर मिलै न कोई।
कामी लोभी मसखरा, तिनका आदर होइ॥

मैं मैं बड़ी बलाइ है, सकै तौ निकसो भागि।
कब लग राखौं हे सखी, रूइ पलेटी आगि॥

इस कविता की सचाई इतनी स्पष्ट और उजली है कि उस पर कुछ और कहना ज़रूरी नहीं।

17 जून 2020

गोधूलि में फँसे

हर उस लेखक को, जो लिखने को अपना सबसे मानवीय और महत्त्वपूर्ण काम मानता है, हमारे युग में यह लगता है कि वह अपने समय से, समाज से और परम्परा से संघर्ष कर रहा है। इसमें कुछ तो सचाई होती है और कुछ कल्पना : लिखने के लिए दोनों की दरकार होती है। कुछ ऐसे भी होते हैं, कम और बिरले, जिन्हें लगता है कि वे भाषा के साथ भी संघर्षरत हैं। कुल मिलाकर स्थिति सामान्य रूप से यही बनती है कि लिखना किसी शान्त, समरस, समंजस स्थिति में लगभग सम्भव ही नहीं रह गया। महत्त्वपूर्ण लेखक वे होते हैं जिनके लेखन में इस संघर्ष के बहुत सारे ब्यौरे जाने-अजाने आते रहते हैं और उनका लेखन उनके ऐसे संघर्ष की अन्तर्कथा भी बन जाता है। इस संघर्ष में हार या जीत का कोई अर्थ नहीं होता : कम-से-कम ऐसे सर्जनात्मक संघर्ष में कई बार हार भी उतनी ही सार्थक होती है जितनी जीत। जैसे जीवन में, वैसे ही साहित्य में, हारते अधिक हैं, जीतते कम ही हैं।

प्रसंगवश यह अमरीकी आलोचक और बुद्धिजीवी इरविन हाव की जन्मशती का वर्ष है। मैं संयोगवश उनके निबन्धों का एक संचयन पढ़ रहा था और मुझे यह बात सूझी। हाव अमरीका में स्टालिन-विरोधी वाम के पक्षधर लेखक थे और प्रसिद्ध बौद्धिक पत्रिका 'डिसेंण्ट' के संस्थापक-सम्पादक थे। वे बीसवीं शताब्दी में सभ्यता के विपथगामी हो जाने से त्रस्त थे और मानते थे कि ऐसी कई मानवीय समस्याएँ और मुद्दे हैं जो राजनीति से परे हैं और जिन्हें परे ही होना चाहिए। एक कल्याणकारी लोकतान्त्रिक राज्य में युवाओं के यूटोपिया से आक्रान्त होने को वे क्षम्य मानते थे। उनकी मान्यता थी :

'हमने सीखा है कि मनुष्य को यूटोपिया में घसीटना बर्बरता में परिणत हो जाता है लेकिन हम यह भी जानते हैं कि बिना यूटोपिया के रहना कल्पना की मृत्यु का ख़तरा मोल लेना है।'

आज का हमारा समय इतना साफ़-सुथरा नहीं है कि उसे किन्हीं सामान्य द्वैतों में बाँटकर देखा-समझा जा सके। कई बार लगता है कि हम एक लम्बी गोधूलि में फँस गये हैं : हम न सचाई देख पा रहे हैं और न ही हमारे कल्प-स्वप्न, हमारे यूटोपिया इस धुँधलके में प्राप्य तो क्या दृश्य हैं। जैसे जीवन में, वैसे ही साहित्य में, हम जहाँ के लिए निकले थे वहाँ शायद ही कभी पहुँच पाते हैं : हम भटकते हैं, ग़लत या अवांछित पगडण्डियों पर बहक जाते हैं। कोई अन्तरिम मुक़ाम हमें ललचा लेता है। कई लेखक ऐसे लोग हो जाते हैं जिन्हें याद ही नहीं रहता कि वे कहाँ पहुँचने के लिए निकले थे। उनमें से कुछ के लिए चलना ही रचना बन जाता है और उन्हें कहीं पहुँच पाने के भ्रम से निजात मिल जाती है। ऐसे भी होते हैं कि जो अपनी मंज़िल अधरास्ते, किसी सच्चे तर्क से या कि किसी तात्कालिक प्रलोभन से, बदल देते हैं और न यहाँ के रहते हैं, न वहाँ के। उनके लिए चलते रहना बोझ बनता जाता है और वे धीरे-धीरे अपने लिखे को इकहरा सोद्देश्य बनाकर सुखा डालते हैं—उसमें न मानवीय ऊष्मा रह जाती है, न अप्रत्याशित का रमणीय।

'पुरखों के बनाये छांहुर पर'

आदिवासी स्त्री कविता का एक संचयन 'कवि मन जनी मन' वन्दना टेटे के सम्पादन में राधाकृष्ण प्रकाशन से आया है। बावजूद इसके कि हिन्दी प्रदेश में आदिवासी बोलियों और लोक सम्पदा की विपुलता है, हिन्दी कविता में आदिवासी कविता की आनुपातिक उपस्थिति नहीं रही है—आदिवासी कवयित्रियों की आवाज़ें तो पहली बार एकत्र और समवेत इस संचयन के माध्यम से सुनायी दे रही हैं : यह सांस्कृतिक क्षतिपूर्ति की तरह है। इन कविताओं का प्रमुख गुण तो उनकी बेहद जीवन्त और स्पन्दित स्थानीयता है : इसमें समय आता है अक्सर अत्याचार और अन्याय, शोषण और अनाचार के रूप में पर स्थान अधिक ऐन्द्रिक रूपों में प्रगट होता है। अलबत्ता कविता में ऐसा साफ़ विभाजन नहीं है। वहाँ समय और स्थान मिले-जुले हैं : 'मेरी जमात में शामिल होने से पहले/सोचो, क्या लौटा सकोगे?/मेरे गाँव की नदी की निश्छलता/मेरे जंगल महुए और/आम के बौरों की ख़ुशबू/वह कच्ची पगडण्डी/और/सूरज की रोशनी में/मेरे खेतों की/मिट्टी की चमक/मेरी भाषा में छिपी मिठास' : (जसिंता केरकेट्टा)।

'मिट गयी जैसे/बग़ल की टोंगरी/कोनजोगा मिट जायेगा/और तुम/ओ खड़िया लोग/तुम्हारी धरोहर भी मिट जायेगी'। (वन्दना टेटे)। इन कविताओं में पुरखे और धरोहर के ध्वस्त होने का तीखा अहसास है : 'सीधा, पुरखों के/बनाये छांहुर पर चली।/जंगल के सीमाने में पहुँचते ही ठेस लगी/मुँह से निकला—हाय गयो,/और खूऩ निकल आया अँगुली से।' (वन्दना टेटे)। जसिंता धरोहर और अन्याय को एक साथ पहचानती हैं : 'इस बार ये बाँस बाज़ार नहीं जायेंगे/जंगलों के अन्दर अब बाँस/बनेंगे हर

हाथ का तीर-धनुष और तब/पहली बार समझ में आया/मेरे पूर्वजों का रक्त से सिंचित/पहाड़ों पर उगे/असंख्य बाँसों का रहस्य....'

अगर कविता का एक ज़रूरी काम सचाई भर नहीं सपना देखना भी है तो यहाँ यह सपना स्पष्ट है : 'यह बात वह बाँस की टहनी/जानती है शुरू से ही/इसलिए रहती है निश्चिन्त/कि तयशुदा वक़्त के बाद/उसका भी समय बदलेगा/कि रखेगी वह भी क़दम/रोशनी की दुनिया में किसी दिन/ और अपने लचीलेपन पर मज़बूत/इरादों से रचेगी एक/अद्भुत दुनिया/वह कमज़ोर नाज़ुक मुलायम-सी टहनी।' (उज्ज्वला ज्योति तिग्गा)।

सचाई का रूमान आदिवासी कविता को उतना ही लुभाता है जितना उसके घाव उसे घायल करते हैं : ग्रेस कुजूर कहती हैं :

पगडण्डियों से होकर चलते वक़्त
पाँवों से लिपटी
गाँव की मिट्टी ने कहा था
बेटे,
रहने देना चरणों में यह धूल
शहर की कोलतार भरी सड़कों पर

चलते वक़्त
यह बचायेगी तुम्हें—
कालिख चिपकने से।
गाँव की मिट्टी

राहत और सहायता

सत्ताधारी सरकार और दल ने मनरेगा को पहले लगातार बदनाम किया और ग़ैर-सरकारी संगठनों एनजीओज़ को तरह-तरह से त्रस्त किया। कोरोना प्रकोप के दौरान सख़्त लॉकडाउन में अब यही योजना और संस्थाएँ सबसे अधिक और समय पर राहत और सहायता करने सामने आयी हैं। बहुनिन्दित मनरेगा में बेरोज़गार होकर लौटते प्रवासी मज़दूरों में से करोड़ों अब जीविका कमा पा रहे हैं। लगातार यह सूचना भी तरह-तरह के माध्यमों से आती रही हैं कि अनेक लोग निजी स्तर पर और ग़ैरसरकारी संस्थाएँ सामूहिक स्तर पर, कष्ट उठाकर, अपने सीमित साधनों से भी ग़रीबों और ज़रूरतमन्दों को राहत पहुँचा रहे हैं।

कुछ उदाहरण दिये जा सकते हैं : पुणे के व्यवसायी भुवनेश देसाई ने ग़रीबी रेखा के नीचे के 3500 देहाती परिवारों को दो सप्ताहों का राशन पहुँचाया जब कि सरकारी सहायता अधिकतर शहरों तक महदूद है। सीआईएसएफ़ के एक युवा अधिकारी वर्तुल सिंह ने तेलंगाना और महाराष्ट्र से उत्तरप्रदेश और बिहार लौटने वालों को भोपाल में मुफ़्त भोजन के पैकेट दिये हैं। कवि युगल तेजी ग्रोवर और रुस्तम सिंह ने सैकड़ों प्रवासियों की कई तरह की मदद के साधन जुटाये और समय पर उपलब्ध कराये हैं।

उधर 'वृक्फ़' में अमन बिरादरी' आदि ने सहायता उत्तर-पूर्व में की है तो 'डेवेलपमेंट आल्टर्नेटिव्ज़' ने दिल्ली-नोएडा-सुमेरपुर, पूर्वी-उत्तरी दिल्ली में 9 हज़ार लोगों को भोजन और हाथों के लिए सैनीटाइज़र्ज़ की व्यवस्था की है। नेवान ने 400 लोगों की मदद की है। एलायन्स इण्डिया ने दिल्ली के किन्नर समुदाय की सहायता की है और 'साथी' संस्था ने

बस्तर अंचल में 140 गाँवों में रहने वाले 1042 बहुत ग़रीब परिवारों को चावल-तेल-नमक-मसाले-सोयाबीन-साबुन-मास्क-सेनेटाइज़र की सहायता की है। 'जनसाहस' नामक एनजीओ ने 10 राज्यों के लगभग डेढ़ हज़ार लोगों को राशन की व्यवस्था की है : उसने 12 हज़ार से अधिक लोगों को सेफ़्टीकिट्स, साढ़े 6 हज़ार को पीपीई-किट्स, 11 हज़ार से अधिक लोगों को मोबाइल बैलेन्स कैश ट्रांसफर आदि, 19 राज्यों के 102 ज़िलों में किया है। 'गूँज' संस्था की सक्रियता से सहायतारत है। अशोक फ़ाउण्डेशन के कई फेलो देशभर में कोरोना के उत्तरराग की स्थिति से निपटने के उपायों पर गम्भीर विचार कर और उपाय सोच रहे हैं।

यह एक अधूरी, बहुत अधूरी सूची है। सूची तो कई पृष्ठों भर होगी। सत्ता-निर्मम दिनों में सहायता का यह भूगोल आश्वस्त करता है कि सच्ची भारतीयता और मनुष्यता व्यापक समाज में अभी बची और सक्रिय-सचेत है। वह सत्ताओं में लगभग सूख गयी है और उसका निर्लज्ज इज़हार हमने पिछले तीन महीनों में लगातार देखा है। अगर यही राहत का काम हमारी अनेक धनाढ्य धार्मिक संस्थाएँ भी उदारता और सहानुभूति से कर पातीं तो राहत का भूगोल और व्यापक हो सकता था। सकता है। अभी राहत और सहायता की ज़रूरत कम नहीं हो गयी है और आगे काफ़ी समय तक रहने वाली है।

22 जून 2020

कला-आतिथ्य

मुम्बई से किसी शोधकर्ता व्यक्ति ने फ़ोन कर बताया कि वे और उनकी एक अन्य साथी मिलकर एक पुस्तक लिखने की तैयारी कर रही हैं कि भारत में स्वतन्त्रता के बाद लेखकों-कलाकारों को किस तरह की रेसीडेन्सी की सुविधाएँ उपलब्ध रही हैं। इस सिलसिले में उन्हें हमारे किसी हितैषी ने बताया है कि इस मामले में मध्य प्रदेश और भारत भवन अग्रणी रहे हैं और वे उस बारे में विस्तृत जानकारी चाहती हैं। वह तो मैंने उन्हें दे दी। याद आया कि सबसे पहले 1980 में मध्यप्रदेश शासन में जब स्वतन्त्र संस्कृति विभाग बना तो उसने जो नया कार्यक्रम बनाया उसमें अतिथि लेखकों के लिए तीन सृजनपीठ बनाये : प्रेमचन्द सृजनपीठ (विक्रम विश्वविद्यालय), निराला सृजनपीठ (भारत भवन भोपाल) और मुक्तिबोध सृजनपीठ (सागर विश्वविद्यालय)। इन पीठों पर एक दशक में शमशेर बहादुर सिंह, निर्मल वर्मा, हरिशंकर परसाई, त्रिलोचन, नरेश मेहता, रामकुमार, कृष्ण बलदेव वैद, दिलीप चित्रे, कृष्णा सोबती, केदारनाथ सिंह, कमलेश आदि विभिन्न अवधियों के लिए, सुविधानुसार आये।

1982 में भारत भवन की स्थापना और सक्रियता के दौरान वहाँ फ़ोर्ड फ़ाउण्डेशन के एक शर्त-मुक्त अनुदान के अन्तर्गत मल्लिकार्जुन मंसूर, भवेश सान्याल, उस्ताद ज़िया मोइउद्दीन डागर, शम्भु मित्र, नामवर सिंह, अम्बा दास, शानी, निर्मल वर्मा आदि आये। यह मूर्धन्य-शृंखला 1990 तक तो चली। उसके बाद क्या हुआ इसका पता नहीं। इरादा इन मूर्धन्यों के भारत भवन में अतिथि के रूप में रहने के दौरान इनका विस्तृत अभिलेखन करने का था और वह काफ़ी हद तक सफल प्रयोग रहा।

पण्डित मंसूर की अनौपचारिक बातचीत, शम्भु मित्र का बव कारन्त द्वारा लिया गया लम्बा इण्टरव्यू, उनका अपने नाटक का पाठ और बांङ्ला कवियों की रचनाओं की नाटकीय आवृत्ति आदि की याद है। यह सामग्री, उम्मीद है, कि भारत भवन के अभिलेखागार में अब भी सुरक्षित होगी।

विश्वविद्यालयों ने सृजनपीठ पर आये अतिथि लेखकों का कोई सार्थक उपयोग नहीं किया : युवा छात्रों या कैम्पस में उभर रहे छात्र-लेखकों से उनके लगातार संवाद का कोई सुघर नियोजन नहीं हुआ। शमशेर जी का तो बेहतर इस्तेमाल कालिदास अकादेमी ने किया था। विश्वविद्यालय अनुदान आयोग ने विश्वविद्यालयों में अतिथि लेखकों-कलाकारों-विद्वानों के लिए एक योजना बरसों से चला रखी थी पर अधिकांश विश्वविद्यालयों ने उसका कोई उपयोग नहीं किया। कुछ ने किया और मैं जामिया मिलिया इस्लामिया और जवाहर लाल नेहरू विश्वविद्यालय में अतिथि अध्यापक रहा हूँ। एक बद्धमूल पूर्वग्रह ज्ञान के क्षेत्र में आधुनिक भारत में रहा है कि साहित्य और कलाएँ ज्ञान का अंग नहीं हैं। उनमें जो ज्ञान प्रगट या विन्यस्त होता है उसे ज्ञान मानने में हमारे आधुनिक ज्ञानियों में बड़ी हिचक है जबकि दुनिया के श्रेष्ठ विश्वविद्यालयों में भी बाकायदा ज्ञान का हिस्सा माना जाता है। यह विडम्बना है कि कैसे भी पी-एचडी. प्राप्त अध्यापक साहित्य और कलाएँ पढ़ा सकते हैं पर उपन्यासकार, कवि, कलाकार आदि ऐसा नहीं कर सकते?

समकालीन चीनी कविता

इस समय भारत का चीन से बेहद बिगड़ गया सम्बन्ध है जिसके चलते चीनी पद्धति में बनाये भारतीय भोजन तक का बहिष्कार करने का आह्वान एक केन्द्रीय मन्त्री कर चुका है, तब समकालीन चीनी कविता का ज़िक्र भी आपकी देशभक्ति को सन्दिग्ध ठहरा सकता है। इसकी परवाह किये बिना, हमें हर तरह से समकालीन चीनी मानस को समझने की ज़रूरत है और निश्चय ही कविता चीनी सर्जनात्मकता का एक विश्वसनीय साक्ष्य है। मेरे सामने है टुपेला प्रेस द्वारा प्रकाशित और मिंग दी द्वारा सम्पादित समकालीन चीनी कविता का 'न्यू कैथे' नामक अँग्रेज़ी अनुवाद में एक संचयन है, जिसमें 1951 में जन्मे युवा दुवा से लेकर 1986 में जन्मे ली सुमिन तक की कविताएँ दी गयी हैं। कविताओं की कुछ बानगियाँ हिन्दी में आगे कभी। अभी तो सम्पादक द्वारा कुछ कवियों से की गयी बातचीत से जो जानकारी मिलती है उसका एक विवरण।

पूछे जाने पर कि किन पश्चिमी कवियों का समकालीन चीनी कविता पर प्रभाव पड़ा है जिन पश्चिमी कवियों चीनी कवियों का नामोल्लेख किया है उसमें यूरोप, अमरीका और लातीनी अमेरिका के लगभग सभी उल्लेखनीय महत्त्वपूर्ण कवि शामिल हैं। इलियट, यीट्स, रिल्के, पाउण्ड, वैलेस स्टीवेंस, गिंसबर्ग, जान एशवरी, शीमस हीनी, ऑडेन, बोदेलेयर, मलार्मे, रिम्बो, ट्राक्लन, सेलान, पास्तरनाक, मण्डलश्टाम, आख़्मातोवा, ब्रॉडस्की, मीवोष, हेबेर्ते, विटमेन, पाल वैलरी, बोर्खेस, कवाफ़ी, मोन्ताले, रित्सोज़, सैं जान पर्स, ट्राम्सट्रोमर, नेरूदा, लोर्का, अदम जागेयावस्की, राबर्ट लोवेल, यहूदा अमीखाई, राबर्ट फ्रास्ट आदि आदि। ज़ाहिर है कि जो चीन इस समय

सक्रिय है उस पर पश्चिमी साहित्य का जितना प्रभाव है उतना शायद इससे पहले कभी नहीं रहा है। यह भी मानना चाहिए कि इन प्रभावों से प्रतिकृत होते हुए चीनी कविता विश्व कविता में अपनी जगह बना रही है।

इन्हीं कवियों से सम्पादक ने जब यह प्रश्न पूछा कि आज की चीनी कविता पर एशियाई किन कवियों का प्रभाव है तो उसमें से अधिकांश ने यह स्वीकार किया कि ऐसा प्रभाव बहुत कम और क्षीण है। भारत से सिर्फ़ रवीन्द्रनाथ ठाकुर का नाम दो-तीन ने लिया और एक ने प्राचीन भारतीय कविता का। बाक़ी जिन कवियों का ज़िक्र हुआ वे हैं : ख़लील ज़िब्रान, उमर ख़य्याम, आदोनिस और तानीकावा शुन्तारो।

भारतीय कविता बहुत हद तक चीनी कविता की तरह रही है : जिन कवियों का ज़िक्र चीनी कवियों ने किया है वे सब भारतीय कवियों के भी सुपरिचित हैं। दूसरी ओर, भारतीय कविता भी चीनी कविता की ही तरह अपनी एशियाई जड़ों से अपरिचित सी है और उसे किसी बड़े कवि की तो दूर महत्त्वपूर्ण एशियाई कवियों तक की ख़बर कम ही है। क्या इससे यह नतीजा निकालना एक अधीर सरलीकरण होगा कि दोनों ही देशों की कविता पश्चिम से आक्रान्त है और एशिया से बेख़बर?

‘लोरी की तरह सच’

जान बर्जर कला-जगत् में एक विश्व-प्रसिद्ध कलालोचक रहे हैं जिन्होंने कला को देखने की विधियों और पिकासो की कला को समझने के लिए रेडिकल दृष्टि दी। उन्होंने उपन्यास भी लिखे जिनमें से एक को बुकर पुरस्कार मिला। बर्जर कवि भी थे और भारत के एक प्रकाशन-गृह कॉपर क्वाइन ने उनकी सारी कविताएँ ‘कलेक्टेड पोएम्स’ के नाम से प्रकाशित की हैं। बहुत सुगठित कविताएँ हैं जिनमें अँग्रेज़ी भाषा के अन्तःसंगीत का बड़ा सुघर और कल्पनाशील उपयोग है, उनमें से दो कविताएँ अनुवाद में देखें :

प्रवासी शब्द

धरती के एक विवर में
मैं रख दूँगा सारे उच्चारण
अपनी मातृभाषा के
वहाँ वे पड़े रहेंगे
चींटियों द्वारा जमा की गयी
पाइन की सुइयों की तरह

एक दिन लड़खड़ाती चीख़
एक और यायावर की
उन्हें प्रज्वलित कर सकती है

तब गर्माहट-भरा और आश्वस्त
वह सुनेगा रात भर
लोरी की तरह सच।

नेप्लाम

माँ, मुझे रोने दो
लैटरप्रेस नहीं
न टैलेक्स
न बेदाग़ भाषण
बुलेटिन
तबाही की, ढिठाई से
घोषणा करते हुए
लेकिन घाव के पृष्ठ।

माँ, मुझे बोलने दो
विशेषण नहीं
उनकी बदहाली के नक़्शे रँगने के लिए
न ही संज्ञाएँ
कोटियाँ बनाती
यातना के परिवारों की
लेकिन क्रिया तकलीफ़ की।

मेरी मातृभाषा खटखटाती है
वाक्य
जेल की दीवार पर
माँ, मुझे लिखने दो
आवाज़
चीख़तीं पराजय में।

30 जून 2020

मंगल की प्रतीक्षा

इन दिनों हम अक्सर मंगल कामना करते हैं क्योंकि हमें लगता है कि समूची पृथ्वी पर अमंगल की काली छाया मँडरा रही है। हम जैसे लोग, जिन्हें आस्था का वरदान नहीं मिला है, सोचते हैं कि अनास्था से भी मंगल कामना की जा सकती है : ऐसी कामना आस्था या अनास्था का सत्यापन नहीं है। वह मंगल की वापसी के लिए समवेत आह्वान या प्रार्थना का हिस्सा है। हम भय से, सन्देह से, झूठ से, दुराचार और अन्याय से, झाँसों और निराशा से घिर गये हैं और एक पूरी तिमाही बीत गयी है और हमें कोई राहत मिलती नज़र नहीं आती। इस सारे घटाटोप के बीच यह तय है कि मंगल हमसे दूर भाग गया है : हम उसकी, उसके वापस आने की अथक प्रतीक्षा कर रहे हैं।

हम जानते हैं कि मंगल किसी दैवी आशीर्वाद की तरह नहीं आयेगा। वह किसी दिव्य रथ या वचन पर चढ़कर भी नहीं आनेवाला। वह ऐसी चकाचौंध करते हुए भी नहीं आयेगा जिसमें बाक़ी सारे आलोक बुझ जायें या फीके पड़ जायें। वह हमारी निपट साधारणता से, अदम्य मानवीयता से ही उभरेगा। वह आकाश से नहीं उतरेगा : वह हमारी, इन दिनों अक्सर सूनी पड़ी गलियों और सड़कों से, शायद कुछ लड़खड़ाता हुआ आयेगा। वह जुलूस और भजन-कीर्तन के साथ या गाजे-बाजे का शोर करते हुए नहीं आयेगा। मंगल आयेगा हर घर पर एक सौम्य दस्तक, एक हलकी झलक, एक छाया की तरह। हो सकता है कि वह इतने धीरे-से आये कि हमें पता ही न चले। वह आयेगा तो बहुत कुछ, जो हमसे दूर फिंक गया है, 'इतने पास अपने' आ जायेगा। हमारा फिर पड़ोस और

मुहल्ला होगा : हम लोगों से मिलने, उनकी तकलीफ़ सुनने और कुशल-क्षेम पूछने, सौदा-सुलूफ़ लाने की अनाटकीय कार्रवाई करते हिचकेंगे नहीं। मंगल आयेगा तो हम फिर आदमी हो जायेंगे, यों आधे-अधूरे जैसे हमेशा से थे, पर आकांक्षा में पूरे।

मंगल को हम ही लायेंगे, अपनी जिजीविषा से, अपने साहस, अपनी कल्पना से। जब वह आयेगा तो हमें कोई द्वारचार या बन्दनवार नहीं करना-लगाना होगा। मंगल हमारे बीच ऐसे आयेगा जैसे अभी थोड़ी देर के लिए बाहर जाकर फिर वापस आ गया है।

पुरखों की परछी में-1

मैंने पहले भी यह लक्ष्य किया है कि कोरोना की वजह से हुई घरबन्दी ने हम सभी को अपने परिवारों में अधिक मिल-जुलकर रहने और सबको अधिक जानने का अवसर दिया है। मेरे बेटे कबीर और बहू प्रीति ने एक उपक्रम किया है : हर रविवार की शाम को हम लोग 'ज़ूम' पर अपने भाई-बहनों और उनके बेटे-बेटियों के साथ एक संयुक्त संवाद करते हैं। हमारे माता-पिता को जिन्हें दिदिया-काका कहते थे, याद करते और उनसे हममें से हरेक ने क्या सीखा इस पर कुछ बताते हुए। एक सत्र इस पर भी कि युवा पीढ़ी के सदस्यों ने परिवार में किससे-क्या सीखा। एक और सत्र इस पर है कि हमने परिजनों के अलावा बाहर के किनसे क्या सीखा।

यह स्पष्ट हुआ कि हम लगभग सभी यह मानते हैं कि हम अपने माता-पिता से कहीं कमतर हैं, भले हमारी भौतिक उपलब्धियाँ उनसे बेहतर रही हों। निजी और पारिवारिक जीवन में हम पूरे विनय के साथ इसका एहतराम करते हैं कि हमारे पुरखे हमसे बेहतर थे। हो सकता है कि इसमें कुछ आदर्शीकरण या रूमानीकरण हो जाता हो। पर ऐसा हम सहज भाव से करते हैं। साहित्य में पुरखों के साथ हमारा व्यवहार अक्सर इससे ठीक उलट होता है। वहाँ हम अकसर ऐसी उद्धत हरकत करते हैं मानों हमें अपने पुरखों से कुछ ख़ास मिला नहीं है। जो भी हो, हम उनसे बेहतर, अधिक उन्मुक्त, अधिक निर्भीक, अधिक उत्तेजक कर पा रहे हैं ऐसी आत्मरति हमें घेर लेती है। कई बार हम सीधे-सीधे ऐसा कहते तो नहीं हैं पर भाव ऐसा होता है कि पुरखों के संघर्ष और उपलब्धि दोनों को अतिरंजित किया जाता है।

परिवार में तो पुरखों की स्मृति, कुल मिलाकर, पिछली पाँच-सात पीढ़ियों तक सीमित होती है, उससे पहले के पुरखों के हमें नाम तक पता नहीं होते। लेकिन, इसके उलट, साहित्य में तो हम अपने पुरखों की सूची बारहवीं-तेरहवीं शताब्दी तक पीछे ले जा सकते हैं। अक्सर हम ऐसा अपनी वैधता की तलाश में करते भी हैं। कई बार किसी पुरखे पर हम नाटकीय ढंग से ध्यानाकर्षण करने के उद्देश्य से आक्रमण भी करते हैं : उसके कुछ बने-बनाये विमर्श सहज उपलब्ध हैं—नारी-विरोध, दलित-विरोध, राज्याश्रय आदि। कम-से-कम जो युवा पीढ़ी आज बहुत सक्रिय और मुखर है उसे किसी पुरखे की न तो अपने कृतित्व में, न सार्वजनिक संवाद में कभी याद आती है। उसने अपने को पुरखों की तथाकथित गिरफ़्त से मुक्त कर लिया है : उसे अपने समवयसी ही याद आते हैं। पुरखे उसके न तो पैमाना हैं, न ऐसी उपस्थिति जिससे सर्जनात्मक और आलोचनात्मक स्तर पर संघर्ष करना ज़रूरी लगे। पुरखों को भुलाना या सिर्फ़ कभी-कभार वैधता के लिए याद करना उस व्यापक स्मृतिवंचना का हिस्सा है जो हिन्दी समाज में तेज़ी से व्याप गयी है। हम निजी-पारिवारिक जीवन में पुरखों को याद कर और साहित्यिक जीवन में उन्हें भुला दें यह एक विडम्बना है। वैसे भुला देने से पुरखे इतिहास-परम्परा-दृश्य से ग़ायब नहीं हो जाते। यह भी कि उनका किया पैमाना तो बनता है और समय हमें उन पैमानों पर नापेगा ही। पैमाने बदलते हैं पर उनमें कुछ है जो टिकाऊ शाश्वत रहता है। हम इसका एहतराम भले न करें पर हम लिखते तो पुरखों की परछी में हैं।

पुरखों की परछी में-2

पुरखों से लगातार कुछ-न-कुछ सन्देश आते रहते हैं : उन पर ध्यान देने या उन्हें सुनने का हमारे पास धीरज, समय या जतन नहीं होता। फिर भी, कभी-कभार कुछ सन्देश पकड़ में आ जाते हैं। उनमें से कुछ इस प्रकार हैं :

- जैसे हम नश्वर थे, वैसे ही तुम भी नश्वर हो। लेकिन, अपनी नश्वरता से बिंधे रहकर भी, तुम कुछ अनश्वर रच सकते हो। जैसे हमारा, वैसे ही तुम्हारा, साहित्य में उत्तरजीवन हो सकता है।
- हम तुम्हारी निगरानी नहीं करते पर तुम क्या करते हो हम पर हमारी नज़र रहती है : इस पर भी हमारे से पहले के पुरखों की नज़र रहती थी। यह मत भूलो कि तुम सिर्फ़ अपने समकालीनों और भविष्यवर्तियों के लिए नहीं हम जैसे पुरखों के लिए भी लिखते हो।
- अगर तुम पुरखों की परछी में आ जाओ तो वहाँ जगह बन ही जाती है : तुम आओगे तो सीमित होते हुए भी परछी आँगन की तरह खुल-फैल सकती है। जैसे तुमको हमारे होने से फ़र्क़ पड़ता है, वैसे ही हमको तुम्हारे होने से फ़र्क़ पड़ता है।
- हमको भी अपना समय बहुत असह्य और अभूतपूर्व लगता था : हमने धीरे-धीरे जाना-सीखा कि लिखनेवालों के लिए हर समय ऐसा ही होता है।
- अगर तुम हमारी क़तार में आना-बैठना पसन्द न करो तो यह तुम्हारा निर्णय है : पर समय तुम्हें या तो इस क़तार में मिला देगा या हमेशा के लिए बाहर कर देगा। हमारे बहुत से साथवाले इस क़तार में नहीं आ पाये।

- तुम हमारी पुकार न भी सुनो या सुनकर भी उसका उत्तर न दो कोई हर्ज़ नहीं : पर जब या अगर तुम कभी हमें पुकारोगे तो हम ज़रूर उत्तर देंगे। पुकारना और उत्तर देना, बाद में आये के लिए जगह बनाना, हमारा स्वभाव है।
- हम तुम्हारे संघर्ष और बेचैनी की, जोख़िम और कल्पना की क़द्र करते हैं : इतना भर याद दिलाते हैं कि अपने समय में हम तुमसे कम संघर्षरत, बेचैन या निराश या आशान्वित नहीं थे। साहित्य बेचैनी, संघर्ष, जोख़िम, आशा-निराशा और कल्पना की एक अटूट बिरादरी है।
- मनुष्य, जीवन, अस्तित्व, सचाई, यथार्थ, कल्पना सभी लेखक के लिए रहस्य, जिज्ञासा और विस्मय का विषय रहे हैं। न हम अनहोने थे, न तुम अनहोने होगे।
- हमसे अगर तुम कुछ उधार लो तो उसे हमें नहीं लौटाना होगा : वह तुम बाद वालों को लौटाओगे। ऐसे क़र्ज़ होते हैं जिन्हें चुकाना नहीं होता।
- हम कुछ दे नहीं सकते। लेकिन यह आशय नहीं कि तुम कुछ ले नहीं सकते।
- हम आधे-अधूरे हैं और तुम मिल जाओ तब भी आधे-अधूरे ही रहेंगे : मनुष्यता कभी पूरी नहीं होती, वह असमाप्य है।

95 के कृष्ण खन्ना

भारत के आधुनिक मूर्धन्य चित्रकारों में गिने जानेवाले कृष्ण खन्ना 5 जुलाई को 95 बरस के हो गये। जीवन और कला दोनों के प्रति अथक उत्साह रखने वाले कृष्ण अब भी सृजनरत हैं। कुछ दिनों पहले जब फ़ोन पर उनसे बात हुई तो वे अपने स्टूडियो में एक बड़े कैनवास पर काम करने जा रहे थे। सच्चे यारबाश, बहुत मददगार कृष्ण खन्ना ने दशकों पहले एक अन्तरराष्ट्रीय बैंक की बड़ी नौकरी अपना जीवन पूरी तरह से कला में बिताने के लिए छोड़ दी थी। उस समय उनकी मुक्ति का पर्व मनाने बैंक के बाहर हुसेन आदि मौजूद थे और रज़ा ने, फ़ोन पर उनके नौकरी छोड़ने की ख़बर मिलने पर, पेरिस में अपने घर पर शाम को जश्न मनाया था।

आधुनिक मूर्धन्यों का जो समूह हुसेन-सूज़ा-रज़ा द्वारा बम्बई में प्रोग्रेसिव आर्टिस्ट्स ग्रुप के नाम से 1945 में स्थापित किया गया था, बहुसंख्यक आधुनिक इसी समूह में थे। कृष्ण खन्ना भी इनमें से एक हैं : उस समूह के आख़िरी जीवित-सजीव-सक्रिय सदस्य। कृष्ण बाद की पीढ़ियों के और तथाकथित आधुनिकता से विरत होने वाले कई कलाकारों जैसे जगदीश स्वामीनाथन और विवान सुन्दरम् के भी घनिष्ठ रहे हैं। भारत भवन में सातवें-आठवें दशक की महत्त्वपूर्ण कृतियों का जो संग्रह उसके संग्रहालय 'रूपंकर' में है उनके चयन में कृष्ण की भूमिका रही है। उन्हें अँग्रेज़ी की कई कविताएँ मुखाग्र हैं जिनमें यीट्स, इलियट, आडेन, ऐकन, डिलेन टामस आदि शामिल हैं।

रज़ा से उनकी घनिष्ठता रही और उनके बीच का पत्राचार रज़ा पुस्तक माला के अन्तर्गत, हिन्दी अनुवाद में, 'मेरे प्रिय' नाम से राजकमल से

पुस्तकाकार प्रकाशित हुआ है। कृष्ण हँसमुख विनोदप्रिय व्यक्ति हैं—किसी भी आयोजन या महफ़िल में वे हों तो उनकी हँसी अनसुनी-अनदेखी नहीं की जा सकती। उन्होंने ईसा, आख़िरी सफ़र से लेकर बैंड बजानेवाले, ट्रकों पर सवार लोग आदि सब चित्रित किये हैं। सार्वजनिक मुद्दों पर हमेशा मुखर उदार-दृष्टि, उदार-चरित कृष्ण खन्ना सौ वर्ष जियें यह स्वस्तिकामना सारे कला-जगत् की है।

11 जुलाई 2020

हद-बेहद

इन दिनों सरहद पर सबका ध्यान है : मीडिया का तो इतना कि भयानक रूप से बढ़ती कोरोना महामारी अब कम उसके ध्यान में आ रही है। नोट करने की बात यह है कि ऐसी स्थिति उत्पन्न हो गयी है कि प्रायः हर चीज़ के बारे में बहुत ऊँचे स्वर में बातें कही जा रही हैं जिनको सच या सही मानने में बड़ी उलझन है। सारे आँकड़े अपनी प्रामाणिकता खोते जा रहे हैं। यह कहना बहुत कठिन है कि कौन सच बोल रहा है : झूठ का ऐसा घटाटोप है कि वह सब कुछ की सरहद का अतिक्रमण कर रहा है। दिलचस्प यह है कि झूठ अब एक अटूट-अथक धारावाहिकता में सामने आते रहते हैं। गोदी मीडिया, भक्तगण, सोशल मीडिया का इन दिनों ऐसा गठबन्धन हो गया है कि कोई भी झूठ सच की तरह फैला दिया जाता है और कई बार लगता है कि झूठ को सच से नबेरने, अलगा पाने की हमारी क्षमता पर भी कुठाराघात हो रहा है। कई बार हमारे पास ऐसा विवेक करने का समय ही नहीं रह पाता। झूठ इतनी तेज़ी से एक के बाद एक आते हैं कि जब तक एक झूठ को आप पहचानें तब तक दूसरा झूठ आ जाता है। झूठ इतना गतिशील शायद ही पहले कभी रहा हो। उसकी गतिशीलता कहीं-न-कहीं उसकी व्यापक मान्यता का भी आधार बनती जा रही है। हम ऐसे समय में हैं जिसमें झूठों का अम्बार लगता जा रहा है और हम उसकी किसी हद का अन्दाज़ तक नहीं कर सकते। यह झूठ के बेहद का क्षण है।

यह भी अनदेखा नहीं किया जाना चाहिए कि इस समय सच बोलना सत्ता को गाली देना माना जाने लगा है। प्रश्न पूछना तो द्रोह घोषित हो चुका है। हर स्थिति को एक नयी सरहद की तरह इस्तेमाल किया जाने वाला है :

बहुमत है तो विरोध करना अनुचित है; सीमा पर चीनी आक्रमण हो रहा है तो सचाई जानने की चेष्टा करना सेनाओं के मनोबल पर प्रहार करना है। आपकी देशभक्ति ही सन्दिग्ध हो जायेगी। असली सरहद यह खिंच गयी है कि आप भक्ति और वफ़ादारी, आज्ञापालन की हदों में रहें और सच की चिन्ता न करें।

कहा-अनकहा

कविता में जो अनेक सन्तुलन साधने पड़ते हैं जैसे लय, आकार आदि उनमें से एक होता है कहे और अनकहे के बीच का सन्तुलन। एक ऐसे समय में जब अभिधा का लगभग प्रकोप जैसा हो और बहुत से कवि सब कुछ कहने पर उतारू हों, यह सन्तुलन लगभग ग़ायब हो जाता है। उसकी ज़रूरत नहीं रह जाती क्योंकि सब कुछ कहने के बाद कुछ भी अनकहा नहीं रह जाता। यह कविता के सामान्य धर्म याने कहे-अनकहे के सन्तुलन को बनाये रखने से विरत होना है। यह दृष्टि और कौशल दोनों का मामला हो जाता है।

कविता जो कहती है, उसके अलावा कुछ अनकहा भी छोड़ी रहती है : यह अनकहा तक रसिक या पाठक पहचानता है और उसे 'लोकेट' अवस्थित करता है। यह कविता पढ़ने-सुनने के आस्वाद को गहरा करता है। शायद कविता का गद्य से बुनियादी अन्तर यही है कि गद्य जहाँ सब कुछ कहने की विधा है, वहाँ कविता कहने-अनकहने की। यह अनकहा कुछ छिपाने की कोशिश नहीं होता : न ही वह किसी अक्षमता का प्रमाण होता है। वह रसिक या पाठक को इस अनकहे को खोजने की उत्तेजना देने का एक प्रकार होता है। अज्ञेय की तो एक कविता ही है : 'है अभी कुछ और जो कहा नहीं गया।' उसी कविता से एक शब्द बेसबरा उधार लेकर कहें तो कवि को सब कुछ कहने की बेसबरी से बचना चाहिए। शमशेर के यहाँ कविता शब्दों के बीच की नीरवता में अक्सर अवस्थित होती है। कई बार यह तक लग सकता है कि जो कहा गया उससे अधिक महत्त्वपूर्ण या सार्थक वह है जो कहा नहीं गया।

एक स्तर पर कुछ भी अनकहा न छोड़ने की वृत्ति को कविता में बढ़ते अख़बारीपन ने पोसा और विकसित किया है। बहुत सारे कवि भूल जाते हैं कि कविता सूचना नहीं होती : वह सचाई की ख़बर नहीं देती, उसे उसकी सूक्ष्मता-जटिलता में चरितार्थ करती है। वह सचाई की रिपोर्ट नहीं होती। उसका बुनियादी संघर्ष, भाषा में, उसकी अनेक शक्तियों और क्षमताओं का सुघर और कल्पनाशील इस्तेमाल करते हुए, सचाई को ऐसे विन्यस्त करने का होता है कि उसका सच अर्जित सच हो, न कि सिर्फ़ सूचित सच। बड़े कवि, जो हर समय में, अल्पसंख्यक होते हैं, काव्य-सत्य का दावा उतना नहीं करते जितना उसे समस्याग्रस्त करते हैं। इस सत्य को गढ़ने और पाने में पाठक-रसिक की हिस्सेदारी होती है। कविता का सच रागलिप्त, सगुण और हिस्सेदार सच होता है—उसमें अनकहा लगातार अन्तर्ध्वनित और संगुम्फित होता रहता है।

हर कहने की एक सीमा भी होती है : सचाई हमेशा ही इतनी जटिल होती है कि उसे शब्दों में पूरी तरह से स्वायत्त करना सम्भव नहीं होता। अनकहा रहने देना शब्द की सीमा का, एक तरह से, विनयपूर्ण स्वीकार होता है। कवि जो अनकहा छोड़ता है वह इसलिए नहीं कि उसको कह सकता था पर आत्मसंयम के चलते ऐसा नहीं कर रहा है। बल्कि इसलिए कि सचाई या अनुभव या भाव में ऐसा कुछ अनिवार्यतः है जो शब्दों में नहीं आ सकता। यह छूटा हुआ अनकहा कहे हुए की अपर्याप्तता का संकेत भी होता है।

अराजकता और कल्पना

'हमें यह पसन्द हो या नापसन्द, हम सभी कलाकार होने को अभिशप्त हैं। हम रचयिता और कलाकार हैं अपने जीवन के, अपने भविष्य और अतीत के—उदाहरण के लिए, हम अपने अतीत को एक शव या संसाधन या किसी और के रूप में देखते हैं। दुनिया को जैसे हम देखते, जैसे उसकी व्याख्या करते या बनाते हैं, वैसे हम कलाकार हैं। हम दैनिक कलाकार हैं खेल, बातचीत, सैर, भोजन, दोस्तियों, सेक्स और प्रेम के। हर चुम्बन, काम का हर टुकड़ा, हर बाँटा गया शब्द या हर सुनी हुई बात में सुनने के बेहतर ढंग हैं—'कुछ कला है या बिल्कुल नहीं।' ऐसा ब्रिटिश कथाकार हनीफ़ कुरैशी ने अपने एक निबन्ध में लिखा है जो उनकी कहानियों और निबन्धों की एक पुस्तक 'लव-हेटरेड' में संकलित है।

वे कहते हैं कि महान् कला और विचार हमेशा विचित्र होते हैं : वे दुनिया का बखान नहीं होते बल्कि स्वेच्छा से सपना देखने जैसे होते हैं। दैनिक कला दुनिया को रचती और पुनर्रचती है, उसे अर्थ और महत्त्व देते हुए। वह एक ज़िम्मेदारी है। कल्पना सचाई गढ़ती है, उसका अनुकरण नहीं करती। इस पर कोई दिलचस्प मतैक्य नहीं है कि दुनिया कैसी है। आख़िर में यही बात कि वहाँ बाहर कुछ नहीं है सिवाय उसके जो हम बनाते हैं और हम उसे ज़्यादा या कम बनाते हैं यह एक दैनिक प्रश्न है इस बारे में कि हम कैसे जीना चाहते हैं और क्या होना चाहते हैं।

हनीफ़ कुरैशी इस बारे में बहुत साफ़ हैं कि कल्पना किसी बुनियादी क़िस्म की अराजकता का अधिक सर्जनात्मक, विकल्प खोजनेवाला, विधेयात्मक संस्करण है। कल्पना को नियमों में बाँधा नहीं जा सकता।

वह अतिक्रमण से ही आगे बढ़ती है। यह कल्पना कभी-कभार समाज-विरोधी भी लग सकती है। कल्पना जोख़िम का काम है इतिहास में ऐसे लेखकों-कलाकारों की सूची आसानी से मिल सकती है जिन पर इसलिए प्रहार किये गये या सेंसर लगाया गया या जेल भेज दिया गया कि उनके विचार ऐसे थे जो ज़्यादातर लोगों की बरदाश्त के बाहर थे।

कल्पना, कला में और अन्यत्र भी, सुशील नहीं होती : वह ऐसे अनुभव, जीवन के ऐसे पक्ष उजागर कर सकती है जो चालू नैतिकता के दायरे से बाहर हैं। कल्पना अपनी नैतिकता स्वयं खोजती और प्रस्तावित करती है। अक्सर वह चालू नैतिकता का अतिक्रमण होता है। इसलिए उसे अराजक मानकर दबाने, रोकने या दण्ड देने की कोशिश की जाती है। कल्पना का गणतन्त्र, चालू अर्थों में, अराजक होकर ही अपना स्वराज स्थापित करता है। यह अकारण नहीं है कि राजनीतिक, धार्मिक और आर्थिक सत्ताएँ साहित्य और कलाओं की सत्ता को प्रतिसत्ता मानकर उसे या तो हाशिये पर डालने या फैलने से रोकने की चेष्टा करती हैं। सत्ता और प्रतिसत्ता का द्वन्द्व नया नहीं है और न ही यह परिणाम कि अन्ततः प्रतिसत्ता भी स्थापित होकर रहती है। देर-सबेर अराजक का राज भी जगह बना लेता है।

11 जुलाई 2020

चार वर्ष

चार वर्ष पहले यही जुलाई का महीना था : मई के उत्तरार्द्ध से हम हर रोज़ दिल्ली के मैक्स साकेत अस्पताल में सुबह-शाम उसके सघन चिकित्सा इकाई में अचेत लेटे उनका हाल जानने जाते थे। वेण्टीलेटर पर वे शान्त-मौन आँख बन्द किये लेटे रहते थे। उनकी ज़रा सी हरकत, जैसे पल भर के लिए आँख खोलना, हमें उम्मीद से भर देता था। वे 94 बरस के हो चुके थे और कई बार अप्रत्याशित रूप से स्वस्थ होकर अस्पताल से घर वापस आ चुके थे : हमें ऐसे ही किसी चमत्कार की प्रतीक्षा थी। पर वह हुआ नहीं। 23 जुलाई 2016 को सुबह 11 बजे के थोड़ा बाद उनका निधन हो गया। हमारे सचिव संजीव चौबे और मैं बाहर ही थे और एक तरह से मैंने मुक्तिबोध, अपने पिता और अब रज़ा को अपनी आँखों के सामने मरते देखा। पिता तो उस समय सजग थे, भले अस्पताल में थे। मुक्तिबोध और रज़ा दोनों ही महीनों अचेत रहकर दिवंगत हुए, अस्पताल में ही। 24 जुलाई को इस मूर्धन्य चित्रकार के शव को उनकी इच्छा के अनुसार हमने मण्डला की क़ब्रगाह में उनके पिता की क़ब्र के बग़ल में, राजकीय सम्मान के साथ, दफ़्न किया।

इन चार वर्षों में मण्डला में उनकी और उनके पिता की क़ब्र को सादा-सुघर रूप दे दिया गया है। हिन्दी कवि असंग घोष की पहल पर एक मार्ग का नाम उन पर रख दिया गया है और एक सुकल्पित रज़ा कलावीथिका बना दी गयी है जहाँ कलाप्रदर्शन के अलावा संगीत, साहित्य आदि की महफ़िल आयोजित हो सकती हैं। हर वर्ष रज़ा की प्रिय और वरेण्य नर्मदाजी के तट पर रज़ा फ़ाउण्डेशन उनके जन्म और देहावसान के

महीनों अर्थात् फ़रवरी और जुलाई में छात्रों-युवाओं के लिए कला-कर्मशाला, नागरिकों के लिए कला-शिविर, लोकसंगीत-नृत्य आदि के आयोजन करता है। अपने देहावसान के बाद रज़ा मण्डला शहर के जनजीवन में अब एक प्रेरक उपस्थिति हैं और वह शहर प्रीतिकर विस्मय से यह पहचान रहा है कि वहाँ के साधारण मध्यवर्ग के एक लड़के ने कला में कैसी कालजयी मूर्धन्यता अर्जित की, और 70 से अधिक बरस उससे दूर रहकर भी, उसको अपनी स्मृति और कला में सँजोये रहा।

इस बीच रज़ा फ़ाउण्डेशन, जो रज़ा ने ही स्थापित और पोषित किया, लगातार अपनी सक्रियता और जीवन्त उपस्थिति देश के कला-संगीत-साहित्य-नृत्य-विचारजगत् में बनाये हुए है। उसके द्वारा प्रेरित और वित्तपोषित रज़ा पुस्तक माला में 100 के लगभग पुस्तकें प्रकाशित हो चुकी हैं और यह संख्या अगले वर्ष के अन्त तक 150 होने की सम्भावना है। किसी कलाकार की उदारता से सम्भव हुई यह पुस्तक माला हिन्दी में सबसे बड़ी पुस्तक माला होने जा रही है। रज़ा को यह जानकर बेहद सन्तोष होगा, वे जहाँ भी हैं, कि उनकी प्रिय मातृभाषा हिन्दी में यह सम्भव हुआ है।

इस वर्ष कोरोना महामारी और लॉकडाउन के कारण फ़ाउण्डेशन की गतिविधियों की निरन्तरता बाधित हुई है। फिर भी, ककैया के एक विद्यालय में, जहाँ रज़ा का विद्यारम्भ हुआ और मण्डला के एक विद्यालय में छात्र अपने परिसरों में चित्र बनाकर रज़ा को प्रणति दे रहे हैं। रंगसामग्री और मण्डला में घर बैठकर चित्रकारी करने के लिए इच्छुक नागरिकों को गमले और रंग उपलब्ध कराये गये हैं। एक अनाथाश्रम और एक वृद्धाश्रम में अनाज-वितरण की व्यवस्था भी फ़ाउण्डेशन ने की। पिछले तीन महीनों से 40 के लगभग अर्थाभावग्रस्त लेखकों-कलाकारों को फ़ाउण्डेशन साढ़े सात हज़ार रुपये प्रति माह प्रति व्यक्ति की वित्तीय सहायता भी कोरोना संकट में दे रहा है। फ़रवरी 2021 से रज़ा का सौवाँ वर्ष शुरू होगा और उसकी तैयारी चल रही है।

छोटी कविताएँ

छोटी कविताओं का अपना आकर्षण होता है : वे बड़ी मुद्राएँ नहीं बनातीं और सीधे मर्म बेंधती हैं। उनकी संक्षिप्ति कथ्य की अल्पता नहीं होती। बल्कि वे अक्सर संक्षेप में कहकर दरअसल अधिक या तो कह जाती हैं या उस अधिक की ओर गहरा संकेत करती हैं। अमरीका से प्रकाशित अँग्रेज़ी में नाओमी शिहाब नाई द्वारा सम्पादित एक संचयन 'दिस सेम स्काई' इधर फिर पलट रहा था तो कई छोटी कविताओं में मन रमा। उनमें से तीन के हिन्दी अनुवाद प्रस्तुत हैं :

क़लम

अपनी अनाश्वस्त उँगलियों में एक क़लम लो
भरोसा करो, आश्वस्त होओ
कि सारा संसार एक नभ-नील तितली है
और शब्द जाल हैं उसे पकड़ने का।

मोहम्मद अल-गज़ी (ट्यूनीशिया)

चाहत की दूरियाँ

जब तुम दूर चले गये हो और मैं
तुम्हें एक चिट्ठी से पछिया नहीं सकती
इसलिए कि दूरी
तुम्हारे और मेरे बीच
'ओह' की आवाज़ से कमतर है

क्योंकि शब्द छोटे हैं
मेरी चाहत की दूरी से

फ़ौजिया अबु ख़ालिद (सऊदी अरब)

समुद्र-तट पर

लहर पदचिह्नों को मिटा रही हैं
उनके जो तट पर चल रहे हैं

हवा शब्दों को दूर ले जा रही है
जो दो व्यक्ति एक-दूसरे से कह रहे हैं

लेकिन वे फिर भी तट पर चल रहे हैं
उनके पाँव नये चिह्न बनाते हुए

फिर भी वे दो साथ-साथ बतिया रहे हैं
नये शब्द पाकर।

कमाल ओज़र (तुर्की)

कटौती और बढ़त

लोकतन्त्र की एक बड़ी विशेषता यह होती है कि उसमें नागरिकता अपनी सजगता और सक्रियता से सत्ता को जबावदेह बनाने की लगातार कोशिश करती रहती है। हमारे लोकतन्त्र में, दुर्भाग्य से, सत्ता केन्द्रीकृत और संवेदनहीन हो रही है : उसकी अविचारित हड़बड़ी ने करोड़ों ग़रीब और प्रवासी मज़दूरों को बहुत ही दारुण स्थिति में डालकर शहरों से अपने गाँवों-घर लौटने पर, भयानक कठिनाइयों के चलते, मजबूर किया। उनके अनेक दारुण यन्त्रणामय चित्र हमने सोशल मीडिया पर लगातार देखे हैं। वापसी के लिए रेल या बसों आदि की व्यवस्था में भी सत्ताओं की अक्षम्य कोताही हमने देखी है। गोदी मीडिया इस दृश्यावली और उससे ज़ाहिर होनेवाली सत्ता की निर्मम अक्षम्यता को भले हाशिये पर डालता रहा हो, सोशल मीडिया ने उन्हें दिखाकर लोकतान्त्रिक कर्तव्य और नैतिकता निभाये। सत्ता का जवाबदेही निभाने से क्रूर इनकार और नागरिकता द्वारा अपनी सजगता से उसका प्रतिकार हमने दोनों एक साथ देखे। सत्ता लोकतान्त्रिक भावना में कटौती कर रही है, जिसमें प्रशासन के कई अंग ख़ासकर पुलिस और अदालत तक शामिल हैं। लेकिन साथ ही साधारण नागरिक, अलग-अलग मोर्चों पर, प्रश्नवाचक और मुखर होकर लोकतन्त्र में बढ़त कर रहे हैं।

कोरोना महामारी और उसके कारण लागू किये गये लॉकडाउन में भय बहुत व्यापक हो गया है। लगता है कि हम अब एक भयाक्रान्त व्यवस्था बन गये हैं। पर इसके साथ-साथ यह भी अलक्षित नहीं किया जा सकता कि गाली-गलौज, लांछन, झगड़े से किसी संवाद को असम्भव बनानेवाली भक्त

और पालतू प्रवृत्तियों के बरक्स लोग लगातार प्रश्न पूछ रहे हैं। पेट्रोल-डीजल के हर रोज़ बढ़ते दाम, चीन की भारत में घुसपैठ, कोरोना प्रकोप को लेकर की गयी कई नयी-पुरानी घोषणाओं और वक्तव्यों को सामने लाकर लगातार बेचैन करनेवाले प्रश्न पूछे जा रहे हैं। सत्ताएँ ऐसी प्रश्नवाचकता को, कई क़ानूनों की अनैतिक और मनमानी व्याख्या कर, लोगों को द्रोही आदि क़रार देने के लोकतन्त्र-विरोधी कारनामों में लिप्त हैं। पर यह प्रश्नवाचकता को कम नहीं कर पा रहा है। शीर्षस्थ राजनेताओं की गतिविधि पर यह सजग नागरिकता कड़ी नज़र रख रही है और उनकी असंगतियों और चूकों को सामने ला रही है। इसका राजनीतिक प्रतिफल क्या और कब होगा यह कहना मुश्किल है। पर लगता है कि, राजनीतिक दलों से अलग और विपक्ष से विच्छिन्न, एक तरह का अव्यवस्थित पर सजग-सक्रिय प्रतिपक्ष अब साधारण अज्ञातकुलशील नागरिकता रूपायित कर रही है। यह आकस्मिक नहीं है कि इसमें रचने-सोचने वाला बड़ा समुदाय शामिल है। यह ज़्यादातर साम्प्रदायिक, लालची, धर्मान्ध, जातिवादग्रस्त मध्यवर्ग से अलग एक ढीला-ढाला वर्ग है। सत्ता द्वारा उसे दबाना या नष्ट करना, जिसकी हर चन्द कोशिश वह निश्चय ही करेगी, आसान नहीं होगा जैसे कि आगे बढ़ने-आनेवालों तनावों और बाधाओं के सामने इस अल्पसंख्यक वर्ग का टिक पाना और बढ़ पाना भी बेहद कठिन होगा। लोकतन्त्र कितना बचता-बढ़ता है वह, कुछ हद तक, इसकी परिणति पर निर्भर करेगा।

24 जुलाई 2020

कविता की उलझनें

एक अँग्रेज़ी आलोचक गाब्रियल जासीपोवीची ने वर्डसवर्थ की एक कविता के बारे में कहा है कि उसमें काव्य-दृष्टि नैतिकता से क्षरित होती है। काव्य-दृष्टि पर काबिज होने की कई तत्त्व कोशिश करते रहते हैं– सामाजिकता, नैतिकता, राजनीति, विचारधारा आदि। ये सभी तत्त्व ऐसे हैं जिनका कविता आसानी से प्रतिरोध नहीं कर सकती। बल्कि सामान्य कवि ऐसा प्रतिरोध नहीं कर पाते और इसी कारण इन दिनों कविता में निजता को सामाजिकता के सामने बलि देने, नैतिकता को चुनौती न दे पाने, सही राजनीति अपनाने ('पार्टनर, तुम्हारी पॉलिटिक्स क्या है' जैसे प्रश्नों के सम्मोहन में), विचारधारा का अतिक्रमण करने का जोख़िम न उठा पाने के कारण काव्य-दृष्टि का क्षय या क्षति होती रहती है–कविता इन तत्त्वों का वाहक बनकर या इनमें से किसी को अपने ऊपर काबिज होने देकर अपना अवमूल्यन करती रहती है। दिलचस्प यह है कि कई बार स्वयं कवि को इसका कोई अहसास नहीं होता कि क्षरण हो रहा है।

हाल ही में अपने एक विश्लेषण में कवि ध्रुव शुक्ल ने इसका ज़िक्र किया कि विचाराधारा के लिए अपनी असन्दिग्ध प्रतिबद्धता के, मुक्तिबोध का अन्तिम लक्ष्य 'आत्म-सम्भवा अभिव्यक्ति अनिवार' पाना है जो आम तौर पर एक प्रगतिशील लक्ष्य नहीं होता। ज़ाहिर है कि मुक्तिबोध अपनी क्लैसिक कविता 'अँधेरे में' में अपनी वैचारिकता से अपनी कविता को क्षरित होने से बचा रहे हैं। उसी कविता में पहले मुक्तिबोध 'अभिव्यक्ति के ख़तरे' उठाने के ख़तरे की बात भी कर रहे हैं। इसी तरह शमशेर ने अपनी सौन्दर्यपरक ऐन्द्रिय प्रेमकविताओं में कोई

वैचारिक हस्तक्षेप नहीं होने दिया है। अगर किसी कवि को विचारधारा से 'आक्सीजन' मिलता है तो वह निश्चय ही ऐसा करने के लिए स्वतन्त्र है। पर जब ऐसी विचारधारा या दृष्टि उसकी काव्यानुभूति या काव्याभिव्यक्ति से मेल नहीं खाती तो उसे छोड़ देने की भी स्वतन्त्रता होती है : बड़ा कवि ऐसी स्वतन्त्रता बरतता है और उसकी कविता विचार या अपनी ही दृष्टि से शक्ति या दबाये जाने से बच जाती है।

कविता का क्षरण सिर्फ़ विचारधारा से नहीं और कई वृत्तियों से हो सकता है : जटिलता और सूक्ष्मता का सम्प्रेषणीयता से, निर्भीकता का नैतिकता की सामान्य धारणाओं से, काठिन्य का लोकप्रिय सरलता से–कई बार तो इस दबाव से भी कि तथाकथित आलोचक क्या चाहते या पसन्द करते हैं।

कई बार लगता है कि कविता लिखना ख़ासा उलझनों-भरा काम है। उसकी सम्भावित उलझनों या परिणति से कई बार कवि तक सचेत नहीं होते।

इतिहास, उम्मीद और विफलता

आयरिश कवि शीमस हीनी और पोलिश कवि ज़्बीग्न्येव हेबेर्त लगभग समकालीन थे। हीनी को नोबेल मिला, हेर्बेत को नहीं हालाँकि वे उसके सर्वथा सुपात्र थे। हीनी उन अँग्रेज़ी कवियों में से एक थे जिन्होंने हेर्बेत की असाधारण प्रतिभा को पहचाना और उन पर लिखा भी था।

हीनी को यह भरोसा था कि कभी-कभी इतिहास और उम्मीद की तुक मिल जाती है : हेर्बेत अपनी सख़्त लेकिन प्रामाणिक नवशास्त्रीयता में इतिहास को विफलता और क्रूरता के निष्करुण वृत्तान्त के रूप में देखते थे। दोनों बड़े कवि हैं और दोनों की कविता में सजग, गहरा, चौकन्ना इतिहास-बोध है। ज़ाहिर है कि उनकी इतिहास की कवि-समझ अलग-अलग है—एक स्तर पर परस्पर विरोधी भी लग सकती है।

यह बार-बार समझ में आता है कवि का काम बुनियादी तौर से कविता लिखना है जो हमें मानवीय सचाई, मानवीय नियति, मानवीय विडम्बना से दो-चार करे : भाषा की सम्भावनाओं और सीमाओं से भी हमें अवगत कराये। ऐसा करने में उसे अनेक क्षेत्रों से मदद, सहारा मिल सकते हैं। कविता हमें इतिहास में अवस्थित भी कर सकती है इसके पूरे अहसास के साथ कि ऐसा अवस्थान और अनुशासन भी कर रहे होते हैं। वह हमारे समय के अन्याय, अत्याचार, हिंसा, निर्भयता, आतंक को किसी ऐतिहासिक पूर्वोदाहरण की याद दिलाकर सघन कर सकती है। हमारे समय की महत्त्वपूर्ण कविता अपने श्रेष्ठ क्षणों में इतिहास और मनुष्य की सम्भावना, उम्मीद, विफलता, विडम्बना आदि का बोध करा सकती है।

इस पर बहस होती रही है कि कवि कविता रचता है या कि कविता कवि को रचती है, कि कुछ देर कवि द्वारा लिखी पाकर कविता स्वायत्त

हो जाती है और फिर स्वयं अपने को रचने लगती है–'आत्मसम्भवा' हो जाती है। यह भी ज़ेरे-बहस रहा है कि कविता आत्माभिव्यक्ति होती है या कि वह आत्म तक महदूद न होकर पर को भी अभिव्यक्ति की ज़द में ले आती है। मुझे अक्सर लगता रहा है कि कवि का आत्म पहले से निश्चित या सुरक्षित नहीं होता : कम-से-कम कुछ कवि तो ऐसे होते ही हैं जिनका आत्म कविता में ही रचा जाता है, उनके यहाँ कविता आत्म की अभिव्यक्ति उतना नहीं जितना आत्म की रचना होती है। शमशेर और मुक्तिबोध दोनों ही ऐसे कवि रहे हैं जिनके यहाँ उनकी कविता ने ही उनका आत्म रचा है : उनके आत्म को कविता के बाहर कहीं अवस्थित करना सम्भव नहीं है, न ही ज़रूरी। दर्शन का बोझ भी कविता अक्सर नहीं सम्हाल पाती : पन्त का उत्तर काव्य उनके दर्शन के बोध से चरमराता काव्य रहा है।

कोई उकताकर एतराज़ कर सकता है कि इतना सब काम कविता पर बोझ डालने जैसा है। हमारा समय ही ऐसा है जो किसी को कविता को भी, अकेला और निर्भर नहीं छोड़ता, भले निहत्था भी करता जाता है।

मिलने पर इसरार

इस बार दो छोटी जापानी और ग्रीक कविताओं के हिन्दी अनुवाद। उसी संचयन 'दिस सेम स्काई' से। छोटी कविताओं के स्वभाव के अनुरूप मर्मबेधी–

वसन्त-घर

सैकड़ों खुले हुए फूल
सब आये हैं
एक ही शाखा से
देखो,
उनके सारे रंग
मेरे बग़ीचे में आये हैं
मैं खड़खड़ाता गेट खोलता हूँ
और हवा में
देखता हूँ
वसन्त की धूप
पहले ही पहुँच चुकी है
असंख्य संसारों में।

मूसो सोसेकी (जापान)

साधारणता का अर्थ

मैं साधारण चीज़ों के पीछे छुप जाता हूँ ताकि तुम मुझे पा सको
अगर मैं तुम्हारे हाथ न आऊँ तो तुम्हें चीज़ें मिल जायेंगी तुम
छुओगे उसे जिसे मेरे हाथ ने छुआ है
हमारे हाथों की छापें मिल जायेंगी
अगस्त की चाँदनी रसोईघर में चमकती है
एक टिन-प्लेटेड बर्तन की तरह (वह इस तरह लगती है
क्योंकि मैं जो तुमसे कह रहा हूँ)
वह ख़ाली मकान को रोशन करती है और
मकान की झुकती ख़ामोशी—
हमेशा ख़ामोशी झुकती रहती है

हर शब्द एक दरवाज़ा है
मेल-मिलाप की ओर, जिसे हमने रद कर दिया है
और तब जब शब्द सच होता है
वह मिलने पर इसरार करता है

—यानीस रित्सोज़ (यूनान)

30 जुलाई 2020

छोटी-बड़ी दुनिया

हम अपने को तरह-तरह से कितना ही क्यों न फैला लें हमारी वास्तविक दुनिया छोटी ही होती है : यह साहित्य के बारे में जितना सच है उतना अन्य कई अनुशासनों के बारे में भी। डॉक्टर, वकालत, धर्म, राजनीति आदि की दुनिया भी, कई बार बड़ी होने का छद्म करते हुए, होती छोटी ही है। इस छोटी दुनिया से बाहर, कई बार अलग, कई बार उससे बहुत नज़दीक, बड़ी दुनिया होती है। इन दो दुनियाओं के बीच संवाद, विसंवाद, तनाव-लगाव, द्वन्द्व-विवाद आदि कई तरह के रिश्ते होते हैं। दोनों का काम, एक-दूसरे के बिना, अक्सर नहीं चलता।

ज़रूरी नहीं है कि छोटी होने के कारण किसी दुनिया का भूगोल संकीर्ण हो। छोटी अगर खुली-उदार, बहुलता के प्रति अभिमुख हो तो उसके संकीर्ण होने का कोई कारण नहीं होता। क्या आज हमारे साहित्य की छोटी दुनिया संकीर्ण होने से बची हुई व्यवस्था है? संकीर्ण होने से बचाव तभी मुमकिन है जब व्यापक साहित्य-समाज में संवाद, सहकार, खुलापन, दूसरों के लिए जगह हो। हिन्दी के साहित्य-समाज में, उसकी दुनिया का छोटा होना, बारहा छुटभैयेपन में बदल जाता है। यह छुटभैयापन उन लेखकों को भी सहना पड़ता है जो उदारचरित और खुले, संवाद-प्रिय होते हैं। उनकी उदारता को छुटभैयापन अवमूल्यित या लांछित करने की कोशिश करता है। कुछ लोगों की उदार वृत्ति, खुलापन साहित्य-समाज की संकीर्णता को दूर नहीं कर पाते और अक्सर ऐसे लेखक इस छोटी दुनिया में निहत्थे, अकेले पड़ते जाते हैं। जैसे छुटभैये राजनीति-धर्म-मीडिया आदि में एक क़िस्म की फूहड़-भदेस लोकप्रियता पा लेते हैं, वैसे ही साहित्य में भी। लोकप्रियता, ऐसे में,

संकीर्णता को कम नहीं करती, उसे वैध और स्वीकार्य बनाने की चेष्टा करती है। दुर्भाग्य यह भी है कि हमारी छोटी दुनिया को नयी टेकनालॉजी ने व्यापक करने के उपाय सुलभ करा दिये हैं—यह बेहद फैल गयी दुनिया अपने सत्व में छोटी और संकीर्ण दोनों है। हमारे यहाँ साहित्य में जो सहभाव अन्तर्भूत है उसका कम-से-कम एक काम छोटी बड़ी दुनियाओं को साथ लाने का होना चाहिए—क्या हमारे समय में साहित्य इस सहभाव से दूर नहीं जा रहा है?

दुनिया की ज़िम्मेदारी

साहित्य को कोई ज़िम्मेदारी देता नहीं है—न राज्य, न समाज, न पाठक, न अन्य संस्थाएँ जो साहित्य से सम्बद्ध हैं जैसे प्रकाशक, शैक्षणिक संस्थान, अकादेमियाँ आदि। इस सभी की साहित्य से कुछ अपेक्षा होती है जिसे कई बार उसकी ज़िम्मेदारी समझ-मान लिया जाता है। कुछ ज़िम्मेदारी साहित्य को परम्परा से दी या आ गयी मान ली जाती है : साहित्य को समाज का दर्पण होना चाहिए; साहित्य को समाज और समय को व्यक्त करना चाहिए; साहित्य को नैतिक होना चाहिए; उसे सामाजिक मर्यादाओं का पालन करना चाहिए; उसे सामाजिक यथार्थ, व्यक्ति के अन्तर्जीवन आदि को अभिव्यक्त करना चाहिए। ये सभी अपेक्षाएँ की जाती हैं, इन्हें साहित्य की ज़िम्मेदारी मान लिया जाता है। इनमें से कुछ का प्रभाव, दबाव या आतंक इतना होता है कि साहित्यकार स्वयं इन्हें अपनी ज़िम्मेदारी मानने लगता है। प्रायः साहित्य की भाषा के प्रति कोई ज़िम्मेदारी है या होती है इसका ज़िक्र, हिन्दी में, इस सिलसिले की सारी चर्चा में प्रायः नहीं होता है। इसकी भी कोई चर्चा नहीं के बराबर हुई है कि स्वयं समाज की साहित्य के प्रति क्या ज़िम्मेदारी है और वह कैसे-क्या निभायी जाती या जा रही है। इस पर भी बहुत कम विश्लेषण हुआ है कि साहित्य की उस सभ्यता के प्रति क्या ज़िम्मेदारी है जिसमें वह घटता, चलता-पुसता है। यहाँ यह उल्लेख करना आवश्यक है कि इतिहास में ऐसे समय आते हैं जब समूची सभ्यता संकट में होती है—हमारा समय ऐसा ही समय है। तब यह आज साहित्य की ज़िम्मेदारी है कि वह सभ्यता-समीक्षा करे, सभ्यता-स्मृति को जाग्रत करे और सभ्यता-विवेक का पुनराविष्कार करे। यह जानना रोचक होगा, या शायद दुखद अचरज भरा,

कि आज कितने लेखक अपनी रचना में इस सभ्यतामूलक अपेक्षा के प्रति सजग हैं।

हम इसकी अनदेखी नहीं कर सकते, कम-से-कम लेखक के रूप में, कि आज जब हमारी सभ्यता की बहुलता, भाषा, मूल्यों आदि का मुखर-आक्रामक अवमूल्यन हो रहा है और लेखक-वर्ग का एक बड़ा हिस्सा, बल्कि बहुसंख्यक हिस्सा इससे उदासीन है। इतिहास में यह दर्ज़ किया जायेगा कि साहित्य के एक बड़े हिस्से ने भारतीय सभ्यता के साथ विश्वासघात किया। उस मुक़ाम पर साहित्य की सफलता किसी लोकप्रियता-सम्प्रेषणीयता-सही राजनीति आदि बल पर प्रमाणित नहीं हो पायेगी। कई बार सभ्यता के प्रति ज़िम्मेदारी समाज के प्रति ज़िम्मेदारी से कहीं बड़ी होती है और उस तक सीमित नहीं।

इसका, याने ऊपर कहे हुए का यह आशय नहीं है कि साहित्य की कोई ज़िम्मेदारी नहीं होती है। होती है पर वह ज़िम्मेदारी साहित्य स्वयं तय करता है : ऐसी ज़िम्मेदारी उसका स्वतन्त्र वरण है। यह भी न सिर्फ़ सम्भव है बल्कि वस्तुतः होता ही है कि अलग-अलग लेखक अलग-अलग, अपनी दृष्टि-संवेदना, स्वभाव के अनुसार अपनी ज़िम्मेदारी तय करें। ज़िम्मेदारी लेने और उसके अनुसार आचरण करने में दूरी, तनाव आदि हो सकते हैं।

अन्तःकरण का गणतन्त्र

दशकों पहले साम्यवादी सत्ताओं के रहते पोलिश और चैक कवियों हेर्बेत और होलुव के हवाले से आयरिश कवि शीमस हीनी ने अन्तःकरण के गणतन्त्र की अवधारणा की थी। हमारे यहाँ धूमिल ने लगभग तभी 'दूसरे प्रजातन्त्र' की तलाश की बात की थी। व्यापक रूप से यह मान्य है कि लगभग तभी मुक्तिबोध ने अपनी मार्क्सवादी प्रतिबद्धता में अन्तःकरण की अवधारणा जोड़ी थी।

आज की कविता किस हद तक, वर्तमान निरंकुश सत्ता और उसके अन्यायों-अत्याचारों, हत्यारी मानसिकता और व्यवहार, असहमति को द्रोह मानने की नीति के चलते, अन्तःकरण का गणतन्त्र बन पा रही है, यह सोचने का मन करता है। हेर्बेत और होलुव दोनों ही अपने देशों में रहे थे—वे उसे छोड़कर कहीं गणतन्त्र की तलाश में नहीं गये थे। लगभग कगार पर ढकेल दिये जाने के बावजूद किसी लेखक या कवि ने तंग आकर भारत छोड़ा नहीं है। इसका सीधा अर्थ यही है कि अगर अन्तःकरण का गणतन्त्र रूपायित होना है तो यहीं होना है, अन्यत्र नहीं।

आज की कविता के बड़े हिस्से में प्रतिरोध बुज़ुर्गों और अधेड़ों के ज़िम्मे आ पड़ा है। युवा लेखकों के बड़े हिस्से पर रोज़मर्रा की मुश्किल, बाधाएँ, अत्याचार, हिंसा आदि कोई प्रभाव नहीं डालते ऐसा सम्भव नहीं है। युवा पीढ़ी में, फिर भी, अपेक्षाकृत बहुत थोड़े हैं जिनका अन्तःकरण निर्भीक और साहसी कविता में चरितार्थ हो रहा है। ज़ाहिर है कि अन्तःकरण कविता में घोषणा या वक्तव्य की आसानी से चस्पाँ की जा सकने वाली हरकत

का सहारा नहीं लेगा—वह जीवन्त ब्यौरों में, जीवन-छवियों, क्रियाओं आदि में चरितार्थ होगा, आकार लेगा। वह बार-बार क़सम नहीं खायेगा बल्कि हलफ़ उठायेगा तो, बिना कोई रियायत माँगे—चाहे, भाषा और शिल्प में शिरकत, साहचर्य, आत्माभियोग आदि के बिम्बों-अभिप्रायों में मुखर होगा, सक्रिय भी।

4 अगस्त 2020

अलकाज़ी

रंगकर्मी, रंगगुरु, कलाकार, कलाप्रोत्साहक, कलासंग्राहक, इब्राहीम अलकाज़ी का देहावसान सचमुच युगान्त है। उन्होंने बीसवीं शताब्दी के उत्तरार्द्ध में सांस्कृतिक भारत के रूपाकार को गढ़ने, समझने और प्रसारित करने में बहुत महत्त्वपूर्ण और निर्णायक भूमिका निभायी। स्वतन्त्र और लोकतान्त्रिक भारत का, सांस्कृतिक बहुलता से समृद्ध भारत का आधुनिक रंगमंच और रूपंकर कला क्या-कैसे होंगे इसका एक सशक्त विकल्प उनके रंगकर्म से उभरा। यथार्थवाद को रंगव्यापार में अलकाज़ी ने जो परिष्कार, तीक्ष्णता और सौष्ठव दिया वह अपने आप में एक प्रतिमान बन गया। उनका रंगमंच यथार्थवादी शास्त्र का एक बहुत सक्षम और कुशल संस्करण था। उनके द्वारा राष्ट्रीय नाट्य विद्यालय में दीक्षित अभिनेताओं और निर्देशकों की बड़ी संख्या है और उनमें से अधिकांश ने अपने ढंग से भारतीय रंगमंच को आगे बढ़ाया है। यह उल्लेखनीय है कि उनके शिष्यों में से अनेक ने, जैसे ब व कारन्त, नीलम मानसिंह, रतन थियाम आदि ने यथार्थवादी रंगमंच से अलग राहें चुनीं। उन्हें अपने गुरु से अलग रास्ता चुनने की स्वतन्त्रता और निर्भीकता भी, निश्चय ही, गुरु अलकाज़ी की ही देन रही होगी। शम्भु मित्र, हबीब तनवीर, ब व कारन्त, कावलम पणिकर के बाद अलकाज़ी का निधन युगान्त है। 'अब न रहे वे पीनेवाले, अब न रही वह मधुशाला'।

हिन्दी रंग-संसार को अलकाज़ी के प्रति गहरी कृतज्ञता इस कारण भी है कि उनके निर्देशन में 'अन्धा युग' (धर्मवीर भारती), 'आषाढ़ का एक दिन' (मोहन राकेश) जैसे हिन्दी नाटकों की रंगप्रस्तुतियों ने हिन्दी रंगमंच को भारतीय रंगमंच का उल्लेखनीय अंग बनाया जिसे आगे बढ़ाया

उन्हीं के शिष्य कारन्त, मोहन महर्षि, बी एम शाह, भानु भारती, बंसी कौल, एम के रैना, अमाल अलाना, कीर्ति जैन, अनुराधा कपूर आदि ने। राष्ट्रीय नाट्य विद्यालय से मुक्त होने के बाद अलकाज़ी ने आर्ट हैरिटेज़ नामक कलावीथिका खोली जिसमें कई दशकों से श्रेष्ठ और प्रतिभाशाली कलाकारों की प्रदर्शीनयाँ होती आयी हैं। वहाँ की सुघरता और चयन में कल्पनाशीलता, कलाकारों के चुनाव में जोख़िम ले सकने का माद्दा कला-जगत् में प्रतिमान ही बन गये।

अलकाज़ी के यहाँ किसी भी स्तर पर ढीलापन, कामचलाऊ रुख़ की कोई जगह नहीं बन सकी। कलाकर्म में हर घटक पर पूरा ध्यान होना चाहिए यह शिक्षा उनसे कइयों ने ग्रहण की। ब्यौरों में जाने से न ऊबना, साफ़-सफ़ाई, घण्टों काम करके भी थकान अनुभव न करना आदि ऐसे गुण हैं जो अलकाज़ी ने अपने कर्म से सिखाये। उनके बारे में यह सही है कि आनेवाली नस्लें हम पर रश्क करेंगी कि हमने अलकाज़ी को, उनके काम को देखने का सौभाग्य पाया था।

हँसमुख विद्वत्ता

मुकुन्द लाठ से जब पहली मुलाक़ात दशकों पहले हुई थी तो वे सहज हँसमुख और शालीन लगे थे : यह पहला प्रभाव अन्त तक वैसा ही बना रहा। वे विद्वान् थे, दर्शन और संस्कृति के, परम्परा और आधुनिकता के, शास्त्रीय संगीत और आधुनिक कला के ऐसे विशेषज्ञ थे जो उनमें उठनेवाले गम्भीर प्रश्नों को लगातार सम्बोधित करते थे और बहुत प्रेषणीय गद्य में विवेचन और विश्लेषण, सप्रमाण, करते रहे। वे न तो परम्परा से, न ही आधुनिकता से कभी आतंकित हुए जबकि उनकी दोनों की समझ बहुत गहरी और प्रश्नाकुल थी। वे उन थोड़े से मर्मज्ञों में थे जो परम्परा और आधुनिकता को निरन्तरता में देख और समझ-समझा पाते थे। हिन्दी में साफ़-सुथरे गद्य में गम्भीर दार्शनिक चिन्तन करनेवाले वे लगभग आख़िरी मूर्धन्य थे। शास्त्रीय संगीत और नृत्य, नाट्यशास्त्र, आधुनिक कला आदि में फैली उनकी रुचि और समझ का वितान इतना विस्तृत था कि कोई दूसरा उदाहरण याद नहीं आता।

उनसे बरसों का घनिष्ठ परिचय, संवाद और दूर रहकर भी सहज साहचर्य था। वे संवेदनशील कवि और बहुत सर्जनात्मक अनुवादक थे। उन्होंने 'पृथिवी सूक्त' का जो सुन्दर अनुवाद किया है, वह रज़ा पुस्तक माला में जल्दी ही प्रकाशित हो रहा है। उनके साहित्य और अन्य कलाओं पर निबन्धों का एक संचयन 'भावन' इसी पुस्तक माला के अन्तर्गत प्रकाशित हो चुका है। कलाप्रेमी होने के साथ-साथ मुकुन्द जी बड़े कलासंग्राहक भी थे। उनका आधुनिक भारतीय कलाकारों का निजी संग्रह ऐसे संग्रहों में अद्वितीय है। उनसे जयपुर में उनके अत्यन्त सुकल्पित निवास पर आख़िरी

भेंट पिछली जनवरी में तब हुई थी जब उनके निजी संग्रह को देखने फ्रांस के कई संग्रहालयों के विशेषज्ञ आये थे और उस संग्रह की विविधता और सुरुचिपूर्ण चयन को चकित भाव से देख रहे थे।

हिन्दी में दार्शनिक विमर्श की एक पत्रिका 'उन्मीलन' भी मुकुन्द जी ने अपने साधनों से निकाली और उसमें लगातार दर्शन सम्बन्धित मौलिक सामग्री हिन्दी में लिखते और प्रकाशित करते रहे। 'धर्मसंकट' पर उनका चिन्तन बेजोड़ है और हमारी परम्परा से लेकर आज तक उसकी क्या स्थिति और परिणति रही है इस पर विस्तार से विचार करता है। मुकुन्द जी ने गहरी रसिकता और समझ से 'राम की शक्तिपूजा', अज्ञेय, रमेशचन्द्र शाह, ज्योत्स्ना मिलन आदि की कृतियों और यशदेव शल्य के काव्य-विमर्श पर लिखा है। पश्चिम के कला चिन्तन से भारतीय कला चिन्तन कहाँ और कैसे अलग है इसकी बड़ी सटीक पहचान और तर्क-तथ्य-संगत समझ मुकुन्द जी को थी और वे उसका गम्भीर विश्लेषण कर पाये थे, वह भी अन्यथा विचार-विपन्न हिन्दी में। शास्त्रीय संगीत पर मुकुन्द जी ने जिस सघन विचारशक्ति के साथ लिखा है वह हिन्दी में तो अद्वितीय है ही, भारतीय संगीत परिदृश्य में भी बेजोड़ है। उनके देहावसान से हिन्दुस्तानी शास्त्रीय संगीत का आख़िरी मूर्धन्य शास्त्री चला गया। उनके अलावा और किसने यह कहा है : '.... संगीत, नृत्त, और साहित्य, शिल्प किसी एक को समझने के लिए दूसरे में उतरना आवश्यक है इन कलाओं के आत्मबोध में (इनके शास्त्र और चिन्तन में) भी यह परस्पर भाव स्पष्ट है।'

08 अगस्त 2020

रंगदृष्टि का वितान

इस 16 अगस्त को नेमिचन्द्र जैन जीवित होते तो 101 बरस के हो गये होते। कविता, उपन्यास और साहित्य के अलावा नेमिजी को, उचित ही, हिन्दी में रंगमंच पर आधारित रंगालोचना का स्थपति माना जाता है। उनकी साहित्य-दृष्टि और रंगदृष्टि में गहरा सम्बन्ध है। उन्होंने ही सुरेश अवस्थी के साथ मिलकर नाटक को अकादेमिक पाठ की जकड़बन्दी से मुक्त कर रंगपाठ से नाटक की नयी आलोचना की शुरुआत की थी। नेमिजी ने अपने जीवन के पचास वर्ष से अधिक रंगमंच की स्वतन्त्र समावेशी सत्ता पर आग्रह करते बिताये। उन्होंने इस आग्रह को विशद और गहरे रंगचिन्तन से पुष्ट और समृद्ध किया। शाब्दिक भाषा से अलग रंग-भाषा का विश्लेषण और आकलन किया। आधुनिकता का एहतराम करते पर उससे अनाक्रान्त रहकर समवर्ती रंगमंच को शास्त्र, लोक और आधुनिकता की निरन्तरता में देखने-समझने का जतन किया। रंगालोचना के लिए नयी अवधारणाएँ, पदावली आदि गढ़ी और उनका सक्षम और सूक्ष्म प्रयोग किया। नेमिजी कई दशकों तक हिन्दी और अँग्रेज़ी दोनों में नियमित रंगसमीक्षा लिखते रहे। उनके द्वारा स्थापित और अरसे तक सम्पादित पत्रिका 'नटरंग' उनकी रंगदृष्टि की ठोस अभिव्यक्ति और विकास का मंच भी रही। नाटक से सम्बन्धित वह हिन्दी की सबसे दीर्घजीवी पत्रिका है, शायद समूचे भारतीय परिदृश्य में भी अकेली। 'नटरंग' ने रंगालोचना, नाट्यलेखन, हिन्दी रंगमंच और भारतीय रंगमंच के बीच निरन्तर संवाद के लिए अवसर और मंच जुटाये।

नेमिजी की रंगदृष्टि के निर्माण और विकास में उनका इप्टा में बिताये समय का अनुभव, उनका साहित्य का प्रेम और अध्ययन, संगीत नाटक अकादेमी में कार्य, राष्ट्रीय नाट्य विद्यालय में अध्यापन का लम्बा अनुभव, अनेक रंगनिर्देशकों जैसे हबीब तनवीर, इब्राहीम अलकाज़ी, शम्भु मित्र, राजिन्दर नाथ, ब व कारन्त आदि की रंगप्रस्तुतियाँ, बांड्ला-मराठी-कन्नड़ आदि की सजीव रंगपरम्पराएँ, लोक नाट्य सम्पदा आदि तत्त्व शामिल हुए।

उन्होंने हिन्दी के अनेक कवियों और कथाकारों को हिन्दी में मौलिक नाटक लिखने की ओर प्रेरित-प्रोत्साहित किया जिनमें असग़र वज़ाहत, मृणाल पाण्डे, नन्दकिशोर आचार्य, दूधनाथ सिंह, रामेश्वर प्रेम आदि शामिल हैं। मध्य प्रदेश के कालिदास समारोह को प्रासंगिक बनाने के लिए उसके पुनराविष्कार में उनका हाथ था। मध्य प्रदेश में ही शुरू हुए रंगशिविरों में उनकी सलाह से ही अनेक युवा रंगनिर्देशक जैसे ब व कारन्त, बंसी कौल, एम के रैना, राजेन्द्र गुप्त, रामगोपाल बजाज आदि बुलाये गये।

भारत भवन के अन्तर्गत जो मध्यप्रदेश रंगमण्डल ब व कारन्त के निर्देशन में गठित हुआ उसकी स्थापना और विकास में नेमिजी की सक्रिय भूमिका थी। उनकी दृष्टि में रंगमंच में मानवीय उपस्थिति और सक्रियता जो तात्कालिक समग्रता पाती है वह अन्यत्र दुर्लभ है। निर्देशकों के पहले वर्चस्व से नेमिजी कभी प्रभावित नहीं हुए और उनका आग्रह अभिनेता की केन्द्रीयता पर था। उन्होंने रंगरूढ़ियों के अतिक्रमण का हमेशा स्वागत किया अगर उससे कोई सार्थक मानवीय अनुभव सम्भव होता हो। हिन्दी में अकेले जितना नेमिजी ने रंगमंच के लिए किया उतना शायद ही किसी और व्यक्ति ने।

13 अगस्त 2020

कला का नील नभ

केरल के कुछ कलाकार मित्रों ने याद दिलाया कि इस महीने हीरोशिमा और नागासाकी पर अणु बम बरसाने के 75 वर्ष हो रहे हैं : उन्होंने भारत की सीमा पर चीनी घुसपैठ को भी ध्यान में रखते हुए व्हाइट रोज़ कलासमूह द्वारा इस अवसर पर 'ब्लू स्काई : शेडोज़ आव् हीरोशिमा' कला-प्रदर्शनी आयोजित की है, ऑन लाइन। मुझसे ऑन लाइन वक्तव्य द्वारा उसका उद्‌घाटन करने का आग्रह किया। मुझसे पहले बोलते हुए केरल के राजनेता एम ए बेबी ने याद दिलाया कि जिन दो विमानों से बम बरसाये गये थे उनके नाम थे 'ग्रेट आर्टिस्ट' और 'नैसेसरी ईविल'। संयोगवश इसी समय हमारे पाकिस्तान के साथ हुए कारगिल युद्ध को भी 21 वर्ष पूरे हुए। मैंने यह कहने की कोशिश की कि दूसरे महायुद्ध के बाद में शीत युद्ध के भी बाद से संसार तरह-तरह से युद्धग्रस्त रहा है। कई तरह की बग़ावत, सशस्त्र विद्रोह, सिविल युद्ध आदि आज भी लगातार हो रहे हैं। यह व्याप्ति इतनी है कि हम युद्ध शब्द का इस्तेमाल संज्ञा और रूपक की तरह करने के अभ्यस्त हो गये हैं। वर्तमान कोरोना प्रकोप के विरुद्ध जो अभियान चल रहा है उसे युद्ध कहा जा रहा है और उससे निपटने-जूझने में लगे कर्मियों को कोरोना-योद्धा। याद आता है कि प्राचीन और मध्यकालीन समय में युद्धरत सेनाएँ अपने साथ कविता-संगीत-तमाशा आदि लेकर चलती थीं। याद यह भी करना चाहिए कि हमारे एक महाकाव्य 'महाभारत' में जो धर्मयुद्ध लड़ा गया वह अन्ततः, पाण्डवों की विजय के बावजूद, व्यर्थ सिद्ध हुआ। साहित्य और कलाओं में जहाँ युद्ध की वीरगाथाएँ बखानी-गायीं-चित्रित की गयी हैं, वहाँ दूसरी ओर युद्ध की अन्ततः विफलता और व्यर्थता का भी सत्यापन होता रहा है।

दूसरे महायुद्ध के बाद विश्व शान्ति के लिए एक बड़ा अभियान चला था जिसमें अनेक मूर्धन्य चिन्तकों, वैज्ञानिकों, लेखकों-कलाकारों आदि ने भाग लिया था।

यूनेस्को के एक प्रसिद्ध आप्तवाक्य में यह अवधारणा की गयी थी कि युद्ध मनुष्य के मस्तिष्क में उपजते और लड़े जाते हैं और उनसे मनुष्य को मुक्त कराने का प्रयत्न होना चाहिए। युद्ध के मूल में प्रायः 'दूसरों' को नष्ट करने, उनसे ज़मीन और साधन छीनने, उनको पराजित करने के लिए किये जाते हैं। हमारे देश में, कोरोना प्रकोप की आड़ में, एक और अघोषित युद्ध चल रहा है : लोकतान्त्रिक स्वतन्त्रता, असहमति, न्याय की माँग, समता के आग्रह आदि के विरुद्ध जिसमें कई संवैधानिक संस्थाएँ तक शामिल दीख पड़ रही हैं।

इस भयावह स्थिति में जब बाज़ार, धर्म, राजनीति, मीडिया आदि एक अनोखे गठबन्धन में लगातार नये 'दूसरे' गढ़, उन्हें बाधित-प्रताड़ित कर रहे हैं, साहित्य और कलाएँ ही वे जगह हैं जहाँ कोई 'दूसरे' नहीं हैं, किसी दूसरे को नष्ट करने का हिंसक उत्साह नहीं है : जहाँ नील नभ के नीचे, बिना भेदभाव के, हम स्वतन्त्र, स्वायत्त, संवादरत महसूस कर सकते हैं।

हड़बड़ी का मौसम

यों तो इन दिनों काफ़ी लोगों के पास समय की कमी नहीं : अक्सर समय काटे नहीं कटता। कोरोना ने राजनीति छोड़कर सबको धीरज का पाठ सिखा दिया है—सिर्फ़ राजनीति में उठापटक की अधीरता कम नहीं हुई है। इसलिए कि काफ़ी समय है, फ़ेसबुकिया लोग काफ़ी तेज़ी से इन दिनों तरह-तरह के झटपटिया आकलन में व्यस्त और सक्रिय हैं। सूक्तिपरक निर्णय और साहित्यिक फ़तवे जारी किये जा रहे हैं। इसका एक लाभ यह है कि ऐसे कई साहित्यकार चर्चा में हैं जिन पर अन्यथा विचार करने का विशेष अवसर न होता।

संयोगवश हिन्दी के दो मूर्धन्य और लोकप्रिय साहित्यकारों को इस समय इस आकस्मिक ध्यान की पात्रता मिली है : तुलसीदास और प्रेमचन्द। किसी कृति या किसी लेखक की किसी या कुछ रचनाओं को कूड़ा कहकर ख़ारिज करने की हालिया शुरुआत नामवर सिंह ने की थी जब उन्होंने सुमित्रानन्दन पन्त की अधिकांश रचनाओं को कूड़ा कहा था। अब एक सम्पादक ने प्रेमचन्द की अधिकांश कहानियों को कूड़ा क़रार दिया। तुलसीदास को दशकों पहले प्रगतिशीलों ने प्रतिक्रियावादी क़रार दिया था। बीच में उन्होंने भूल-सुधार किया। अब फिर तथाकथित जनधर्मी तुलसीदास को कुछ जुमलेबाज़ी कर अवमूल्यित करने की नयी कोशिश कर रहे हैं। इनमें से कोई भी बिना चुनौती के नहीं जाने दिया जा रहा है : इन सभी का प्रत्याख्यान भी सदलबल फ़ेसबुक पर हो रहा है।

यह नोट करना दिलचस्प है कि जो लेखक फ़ेसबुक पर इतने सक्रिय हैं और तरह-तरह के अवमूल्यन कर रहे हैं वे विधिवत् लिखकर इन स्थापनाओं

को अधिकांशतः प्रमाण और तर्क के साथ, प्रस्तुत नहीं करते। साहित्य में एक वर्ग हमेशा ऐसा रहा है कि जो साहित्य को बल्कि आलोचना को अभिमत में घटाता रहा है। फ़ेसबुक की सुविधा ने इस वर्ग की सदस्य-संख्या कई गुना कर दी लगती है। कभी किसी मीर ने अपने को ही पगड़ी सम्हालने की हिदायत दी थी क्योंकि 'शहर दिल्ली है'। अब लगता है कि हम सभी इस पगड़ी उछालने, उन पर कीचड़ फेंकने से एक तरह का नीच आनन्द पाते हैं : कइयों पर इसी कारण ध्यान जाता है वरना उनकी व्यापक परिदृश्य में कोई जगह या मौजूदगी नहीं है।

पर, यह भी कहना होगा कि हिन्दी में अपने बड़े लेखकों या कुछ कृतियों को लेकर जो रन्ध्रहीन भक्तिभाव है उसे भी आलोचनात्मक मूल्यांकन से उपजा नहीं कहा-माना जा सकता। सब कुछ आलोच्य है यह साहित्य के जनतन्त्र की बुनियादी मान्यता होती है और जो झटपटिया अवमूल्यन हो रहा है उसका एक आशय या संकेत यह ज़रूर है कि हिन्दी में अधिक निर्भीक आलोचना की ज़रूरत है, उसकी जगह होना चाहिए और उसे गम्भीरता से किया जाये और उतनी ही गम्भीरता से वह ज़ेरे-बहस हो। ऐसे वाद-विवाद-संवाद से साहित्य और आलोचना दोनों लोकतान्त्रिक रूप से आगे बढ़ते हैं।

रंगवितान

भारत भवन के अन्तर्गत मूर्धन्य रंगकर्मी ब व कारन्त ने जो मध्य प्रदेश रंगमण्डल गठित किया था वह किसी राज्य द्वारा स्थापित पहली रिपर्टरी कम्पनी भर न थी : उसमें रंगप्रशिक्षण, रंग-व्यापार, रंगप्रयोग, रंगचिन्तन इन सभी पहलुओं को बहुत कल्पनाशील ढंग से नियोजित किया गया था। रंगमण्डल में बाक़ायदा रंगप्रशिक्षित कलाकारों के साथ लोक कलाकार भी शामिल किये गये थे। प्रसिद्ध निष्णात लोक कलाकारों को प्रशिक्षण देने बुलाया जाता था : लोक और आधुनिक का ऐसा लगातार संवाद और सहकार शायद ही इससे पहले या बाद में कभी इस गहराई और निरन्तरता का कहीं और हुआ हो। यों इतनी बड़ी संख्या में वरिष्ठ और विविध रंगकर्मी प्रशिक्षण देने शायद ही किसी और रंगसंस्थान में आये होंगे जब कि रंगमण्डल प्रशिक्षण का संस्थान नहीं था। इनमें पीटर बुक, जान मार्टिन, बादल सरकार, रुद्रप्रसाद सेनगुप्त, श्यामानन्द जालान, प्रसन्ना, इरशाद पंजतन आदि शामिल थे।

याद यह भी आता है कि कारन्त नहीं चाहते थे कि रंगमण्डल सिर्फ़ उनकी शैली में काम करे। उन्होंने बड़ी संख्या में अतिथि निर्देशक आमन्त्रित किये जिन्होंने रंगमण्डल के अन्तर्गत कई नाटक प्रस्तुतियाँ तैयार कीं। तीन विदेशी निर्देशक पूर्वी जर्मनी, इंगलैण्ड और फ्रांस के आये थे। यह याद करने योग्य है कि इनमें से किसी को हिन्दी भाषा नहीं आती थी। फ्रिट्ज बेनेविट्ज ने शेक्सपीयर के कई नाटक हिन्दी में 'बगरो बसन्त है', 'राजा लीयर', 'तो सम पुरुष न मो सम नारी' और बुन्देली में बर्टोल्ट ब्रेख़्त का 'इन्साफ़ का घेरा' नाटक तैयार कराये। ब्रिटिश जान मार्टिन ने रंगकार्यशाला

तो ली ही, तीन ग्रीक दुखान्त, यूरीपिडीज़ और एस्किलस के, 'पोलिस में हफ़ीजीनिया', 'ट्रोजन औरतें' और 'अग्मेनान' निर्देशित किये। 1990 में फ्रांस के एक अत्यन्त प्रयोगशील रंगनिर्देशक जार्ज लवादों ने रासीन की क्लैसिक कृति 'फ़ेद्रा', कृष्ण बलदेव वैद के हिन्दी अनुवाद में, तैयार की। पूरी प्रस्तुति मुख्य मंच पर नहीं, ग्रीनरूम को रंगमंच में बदलकर की गयी थी।

हिन्दी की रंगसम्भावनाओं का इतना गहन अन्वेषण शायद ही पहले या बाद में कहीं और हुआ हो। कोई भारत भवन के पहले दशक का विस्तृत इतिहास लिखे तो पता चलेगा कि वहाँ कितना नवाचार अनेक कलाओं में पूरी निर्भीकता और कल्पनाशीलता के साथ किया गया था। कारन्त जैसा अथक रंगकर्मठ भी फिर दूसरा नहीं हुआ। न विभा मिश्र, द्वारका प्रसाद जैसे अभिनेता।

21 अगस्त 2020

हिन्दुत्व का हिन्दू अन्य

इस नतीजे से बचना मुश्किल है कि इस समय हिन्दू समाज में जो हिंसा-हत्या-बलात्कार-झूठ की व्याप्ति है, दूसरों के प्रति जो घृणा है, लगातार बढ़ती और बढ़ायी जाती हुई, वह सभी प्रमाण है कि हिन्दू समाज बुरी तरह से टूट रहा है। हिन्दू सामाजिक संरचना में जो लगभग अपराजेय श्रेणीबद्धता है, उसमें, फिर भी, पारम्परिक रूप से 'अन्य' की जगह थी और उसकी भिन्नता का स्वीकार था। उसकी सामाजिक दृष्टि और आध्यात्मिक दृष्टि में एक समृद्ध करनेवाला अन्तर्विरोध रहा है। कई काल ऐसे रहे हैं जिनमें इस आध्यात्मिक दृष्टि का साहित्य में प्रतिफलन और चरितार्थता उसकी सामाजिक विषमता को अतिक्रमित करने में सफल हुए। धर्म के आधार पर देश का विभाजन होने पर अल्पसंख्यक वर्ग का अधिकांश भारत में ही रहा और बहुसंख्यक हिन्दू समाज ने धर्मों से ऊपर उठकर लोकतान्त्रिक ढाँचा चुना जिसमें बहुलता और विभिन्नता की जगह और सम्भावना थी। दशकों तक यह लोकतान्त्रिक वृत्ति सार्थक और सजीव रही, भले उसको अस्वीकार कर कट्टरता और संकीर्णता की वृत्तियाँ भी समान्तर सक्रिय रही आयीं।

लोकतन्त्र के ढाँचे में अवस्थित होने के बावजूद हिन्दू समाज का एक बड़ा हिस्सा स्वतन्त्रता-समता-न्याय के संवैधानिक धर्म से अपने को अलग करता रहा। अब वह हिस्सा हिन्दुत्व के रूप में संगठित, आक्रामक और सक्रिय होकर लोकतन्त्र पर ही छा गया है। उसमें स्वयं हिन्दू परम्परा की आध्यात्मिक दृष्टि की कोई पहचान शेष नहीं—उसने सारे अध्यात्म को, हिन्दू चिन्तन को अनुष्ठानों में महदूद कर दिया है। मुख्यतः हिन्दी अंचल में हिन्दुत्व की शक्तियाँ बहुत प्रबल हो गयी हैं जहाँ स्वतन्त्रता के पहले

और उसके बाद भी सामाजिक सुधार के कोई व्यापक आन्दोलन नहीं हुए। जो हुए भी, जैसे प्रगतिशीलता और जनवाद के आन्दोलन, उनकी हिन्दू समाज में न कोई पैठ थी—वे साहित्य के आन्दोलन थे और हैं और उनकी व्याप्ति वहीं तक है। दलित वर्ग के उभार ने भी हिन्दू समाज में, कम-से-कम हिन्दी क्षेत्र में, कोई रेडिकल सामाजिक चिन्तन और सुधार सम्भव नहीं किया। राजनीति, मीडिया, धर्मसम्प्रदाय में अब यह पहचान तक बाक़ी नहीं रही है कि हिन्दुत्व हिन्दू धर्म का विद्रूप है : वह पाकिस्तान को अपना 'अन्य' मानकर अपने को परिभाषित कर रहा है और उसमें अपना स्वायत्त आत्मबोध नहीं है। 'दूसरों' के प्रति घृणा उपजाये और बढ़ाये बिना हिन्दुत्व की कोई गति नहीं है। स्वतन्त्रता और विभाजन के बाद जिस समाज ने लोकतन्त्र चुना था और हिन्दू राष्ट्र बनना अस्वीकार किया था वह अब उस ओर ठेला जा रहा है। पाकिस्तान की धार्मिक कट्टरताओं को इस पर प्रसन्न होना चाहिए कि भारत अब उसका प्रतिरूप बनने की कोशिश में लगा है। इधर अल्पसंख्यक वर्ग ने एक अन्यायपूर्ण निर्णय के बाद मन्दिर के शिलान्यास पर चुप्पी साध रखी है और उसे सान्त्वना के रूप में दी गयी ज़मीन पर मसजिद ही नहीं अस्पताल भी बनाने का फ़ैसला कर कट्टरता को माकूल जवाब दिया है।

मन्दिर के शिलान्यास को लेकर हिन्दू समाज में जो धूम-धड़ाका होने की उम्मीद और कोशिश थी, वैसा नहीं हुआ जान पड़ता है। कोरोना महामारी के दौरान जिसके मामलों की संख्या 32 लाख पार कर चुकी है, शिलान्यास अगर हिन्दू समाज को बड़ी संख्या में अनुत्तेजित नहीं कर पाया है तो उसका क्या आशय है? शायद यह है कि हिन्दू समाज में अब हिन्दुत्व का अपना 'अन्य' आकार ले रहा है। पर शक यह भी होता है कि शायद बहुसंख्यक हिन्दू भयातुर हैं और इसलिए चुप हैं। जो भी हो, अगर हिन्दू समाज को भारतीय परम्परा और चिन्तन, आधुनिक लोकतन्त्र के वाहक और पोषक के रूप में बने रहना है तो उसमें यह 'अन्य' अवश्यम्भावी हो जाता है। अगर कोई समाज पूरी तरह से सड़-गल न गया हो तो उसमें अपनी ऐतिहासिक निर्णायकता के अनुरूप ऐसी उपज हो सकना चाहिए। अभी यह कहना मुश्किल है कि हिन्दू समाज के मध्यवर्ग का कोई सर्जनात्मक और विचारशील हिस्सा ऐसी 'अन्यता' अर्जित करने के लिए सचेष्ट हो सकता है।

संवादक्षीण समय में संवाद

यह लगभग एक क्लीशे बन गया है कि हमारे समय में संवाद बहुत क्षीण पड़ गया है। संवाद के बड़े मंच जैसे संसद, इलेक्ट्रोनिक मीडिया आदि संवाद के कम झगड़े के मंच अधिक हो गये हैं। सार्वजनिक जीवन में नित-नये 'दूसरे' गढ़े जा रहे हैं और दूसरों से संवाद करना ज़रूरी रह गया है। ज़रा-ज़रा सी बात पर हम दूसरों पर हमलावर होते हैं, संवाद कर उन्हें समझने-समझाने के बजाय। यह सिर्फ़ लोकतन्त्र का शिथिल पड़ना भर नहीं है : यह भारतीय परम्परा से विरत होने के बराबर है—हमें जैसे यह याद ही नहीं रह गया है कि भारतीय परम्परा में लोक और शास्त्र दोनों ही स्तरों पर लगातार संवाद होते रहे हैं : याज्ञवल्क्य-गार्गी, शंकराचार्य-मण्डन मिश्र, नचिकेता-यम, काकभुशुण्डि-गरुड़, व्यास-शुकदेव-संवाद, युधिष्ठिर-यक्ष संवाद आदि ढेर से प्रसंग हैं जो आज की स्मृति से लोप हो चुके। लोप तो गाँधी-नेहरू, गाँधी-अम्बेडकर, गाँधी-जिन्ना संवाद भी हो चुके।

अमरीकी आलोचक हेलेन वेण्डलर की एक पुस्तक 'इनविजीबिल लिसनर्स' पढ़ रहा था। उसकी मूल स्थापना यह है कि कविता किसी-न-किसी तरह का संवाद होती है। उन्होंने विस्तार से तीन कवियों जार्ज हर्बर्ट, वाल्ट ह्विटमैन और जान एशबरी की काव्यात्मक अन्तरंगता का विशद विश्लेषण किया है। जार्ज हर्बर्ट का संवाद ईश्वर से, ह्विटमेन का भविष्य के पाठक और एशबरी का संवाद रेनेसां के एक इतालवी चित्रकार से होता है। पुस्तक पढ़कर मुझे लगा कि ऐसे संवाद हम अपने कई कवियों के यहाँ सहज ही देख-सुन सकते हैं। कई बार वे जिससे संवाद कर रहे होते हैं वह श्रोता अदृश्य होता है पर कविता में उपस्थित—उसकी उपस्थिति कविता

में अनुभव की जा सकती है। यह उपस्थिति कविता की संरचना को गहरे प्रभावित करती है।

मुक्तिबोध का संवाद प्रायः अपने आत्म से होता है जिसे वे आत्माभियोग की यन्त्रणादायी हद तक ले जाते हैं। शमशेर बहादुर सिंह की कविता, ख़ासकर प्रेमकविता, एक असम्भव प्रेमिका से संवाद है। रघुवीर सहाय कभी तो सीधे पाठकों को सम्बोधित करते हैं जिनकी लोकतान्त्रिक वृत्ति के सजग होने का उन्हें यक़ीन है और कभी वे लोकतन्त्र मात्र को सम्बोधित करते लगते हैं। विजयदेव नारायण साही विशेषतः 'साखी' की अपनी कुछ कविताओं में कबीर से संवादरत हैं जैसे कि, याद आता है, कबीर अपने समय में साधुओं से संवादरत थे। अज्ञेय कविता में ममेतर को रचने और उससे संवाद करते हैं।

यह तर्क भी दिया जा सकता है कि कविता मात्र भाषा के साथ कवि का संवाद होती है : यह संवाद एक ओर कवि को गढ़ता है तो दूसरी ओर स्वयं भाषा को रूपायित करता है। (शायद त्रिलोचन जीवन भर कविता में भाषा से संवाद करते रहे) यह भी कहा जा सकता है कि महत्त्वपूर्ण कविता में भाषा से कवि का यह संवाद जितना अन्तरंग होगा, कविता में उतनी ही आत्मीय सचाई और अन्तरंग गरमाहट होगी। कई बार, जैसा कि वेण्डलर ने कहा है, कवि कविता में इस संवाद द्वारा ऐसी आत्मीयता और निकटता पा लेता है जो उसके वास्तविक जीवन में सम्भव नहीं हो पाती।

कम-से-कम हमारी कविता का एक बड़ा हिस्सा प्रकृति से संवाद करता रहा है : इन दिनों हम भले बड़ी निर्ममता से अपने प्राकृतिक पर्यावरण को विकास की झोंक में लगातार क्षत-विक्षत कर रहे हैं पर हमारी परम्परा तो प्रकृति से संवाद और तादात्म्य की रही है। वह संवाद अब तक कविता में अबाध है। हम अपनी कविता में बार-बार जानते हैं कि प्रकृति से संवाद में जो अवरोध आ रहे हैं, वे हमारी मानवीयता में भी आनेवाले अवरोध हैं।

व्यंजना का समय

हमारा समय दुर्भाग्य से लगातार ऐसा समय होता जा रहा है जिसमें वे सभी शक्तियाँ, जिनका लोकतान्त्रिक और संवैधानिक कर्तव्य अभिव्यक्ति की स्वतन्त्रता की रक्षा करने का है, उस स्वतन्त्रता में कटौती करने का माध्यम बन गयी हैं। इनमें सरकार, पुलिस, अदालत, मीडिया, विश्वविद्यालय आदि शामिल हैं। किसी तरह की आलोचना अब हमारे नज़दीक बरदाश्त के क़ाबिल नहीं रह गयी है। चूँकि हमारे पास बहुमत है, सत्ता है, धर्मशास्त्र है, अधिकार हैं, धन-बल, आचरण-संहिता आदि हैं, हम मनमाने ढंग से नागरिक अभिव्यक्ति और आलोचना को दबा-दण्डित-बाधित आदि कर सकते हैं। ऐसे अतिचार के लिए उत्साह इधर तेज़ी से उफनने लगा है। एक होड़ सी है कि कौन कितनों को रोकता-थामता, लांछित-दण्डित करता है।

ये सभी दमनात्मक कार्रवाइयाँ, कुल मिलाकर और ज्यादातर, सीधे-सीधे जो कहा जाता है उसे ही याने अभिधा को ही ग्रहण कर पाती हैं। यह उनकी भाषिक क्षमता और इसलिए वैचारिक सामर्थ्य के सतहीपन का ही इज़हार है। जिस दोटूकपन का आग्रह अपनी वफ़ादारी साबित करने के लिए किया जाता रहा है, वह यहाँ अपने व्यापक विद्रूप में देखा जा सकता है। जब समाज में इतना चरम ध्रुवीकरण हो गया हो जितना कि इस समय भारतीय समाज में हो गया लगता है, तब बीच की कोई जगह नहीं बचती, न बची है। आपको भक्ति और आस्था, स्तुति और प्रश्नवाचकता के बीच स्वीकृति और सहमति के बीच अपना पक्ष चुनना होता है और अगर जोख़िम उठाकर याने चुपचाप रहकर स्पष्ट और मुखर होने का पक्ष आपने चुना तो उसके कई दुष्परिणाम होंगे, हो रहे हैं। इस विडम्बना-भरी स्थिति में अपनी

बात कहने और फिर भी कुछ ख़तरों से बच जाने की हिकमत आसानी से नहीं सूझती। हम इतिहास में, बल्कि बीसवीं शताब्दी में, कुछ सख़्त-निर्मम तानाशाहियों में कई कवियों ने क्या उपाय किये इससे कुछ सबक मिल सकता है।

मध्य यूरोप के कई देशों ने साम्यवादी तानाशाही के दौर में अपने ऐतिहासिक विडम्बना-बोध को सक्रिय रहते हुए भी कविता में व्यंजना द्वारा एक तरह का सत्याग्रह किया था। सत्ताएँ अभिधा ही समझती हैं और व्यंजना की बारीक़ियाँ उनकी पकड़ में नहीं आतीं। इस युक्ति का सहारा लेते हुए इन कवियों ने व्यंजना का सहारा लिया। यही नहीं कई पुराने क्लैसिक नाटकों को रंगकर्मियों ने ऐसे पेश किया कि श्रोता उसकी समकालीन प्रासंगिकता बख़ूबी समझ पाते थे जबकि नाटकों का परिवेश मध्यकालीन, प्राचीन, ग्रीक आदि होता था। कविताओं में कई बार समकालीन स्थिति की विडम्बना और अमानवीय क्रूरता को व्यंजित किया जाता था, मिथकों या ऐतिहासिक प्रसंगों द्वारा। यहाँ यह याद रखना चाहिए कि सत्तारूढ़ शक्तियाँ भी अपनी वैधता के लिए ऐतिहासिक-पौराणिक प्रसंगों का, मनचाही दुर्व्याख्या कर, दामन थामती हैं। ऐसे समय में कविकौशल में एक तरह का कवि चातुर्य भी हो यह ज़रूरी लगता है। यह सच को सीधे न कहकर व्यंजित करना है : अभिधा सच को साफ़-साफ़ कहने का एकमात्र तरीक़ा नहीं है जैसे यथार्थवाद सिर्फ़ एक विधि है और यथार्थ को ग़ैरयथार्थवादी तरीक़े से भी प्रस्तुत किया जा सकता है, किया गया है। कविता की एक कठिनाई यह भी है कि उसका सच परिणत सच नहीं होता—वह ज़्यादातर प्रक्रिया में होता है। इस प्रक्रिया में अभिधा से अधिक व्यंजना सहायक होती है : सच धीरे-धीरे रूपायित होता है और स्वयं पाठक उसकी खोज और रचना में सहभागी होता है। इसलिए उस सच को, उसकी जटिलता और सूक्ष्मता में, पाठक अधिक टिकाऊ ढंग से आत्मसात् कर पाता है। यह आत्मसात् होनेवाला कविता का सच, अन्ततः, पाठक में उसके नैतिक विवेक और संवेदना को जगाता-पोसता है। कविता की राजनीतिक ज़िम्मेदारी क्या-कैसी हो इस पर अरसे से विवाद होता रहा है : पर कविता की नैतिक ज़िम्मेदारी भी होती है अनिवार्यतः और शायद व्यंजना उसे बेहतर निभाती है।

27 अगस्त 2020

डरावने से न डरना

भीष्म पितामह ने पाण्डव युधिष्ठिर और कौरव दुर्योधन को राजधर्म के बारे में, शरशय्या पर लेटे, यह कहा था कि राजा का कर्तव्य है कि वह अपनी प्रजा को हर प्रकार के भय से मुक्त रखे। हमारी हालत यह है कि हमें कोरोना महामारी से लेकर अन्य अनेक प्रकार के भय घेरते जा रहे हैं और राज्य स्वयं भय का सबसे बड़ा उत्पादक और प्रसारक बन गया है। हम लोकतन्त्र से भय खाने लगे हैं क्योंकि वह बहुसंख्यकतावादी तानाशाही में बदलता जा रहा है। हम अदालतों से भय खा रहे हैं कि वे राजनीति से इस क़दर प्रभावित हो रही हैं कि उन पर अपने बुनियादी अधिकारों की रक्षा करने के लिए भरोसा नहीं कर सकते। हम धर्मों से भय खा रहे हैं कि वे हमें शान्ति और समाधान देने के बजाय इन दिनों लगातार हिंसक हो रहे हैं और आपसदारी ज़्यादा और भेदभाव कम करने के बजाय उन्हें कम और बढ़ा रहे हैं। हम संवैधानिक संस्थाओं से भय खा रहे हैं क्योंकि वे धीरे-धीरे राजकीय भय की वाहक-प्रसारक बन रही हैं और उनकी वफ़ादारी संविधान के प्रति नहीं, सत्ता के प्रति होती जा रही है। हम मीडिया से, उसके बड़े भाग से भय खा रहे हैं क्योंकि वह चौबीसों घण्टे घृणा, भेदभाव फैला रहा है। हम अपने मध्यवर्ग से भयातुर हैं कि सचाई के बरअक्स तरह-तरह के झूठों को सच मानकर भक्ति और अन्धानुकरण में रत हैं। कुल मिलाकर, हर दिशा से डरावने विद्रूप हमें घेरे हैं।

इस समय भारतीय परम्परा और संस्कृति का, हमारे लम्बे स्वतन्त्रता-संग्राम का, हमारे लोकतन्त्र का यह तकाजा है कि हम डरावने से न डरें। गाँधी और अन्य स्वतन्त्रता सेनानियों को जेल में बरसों-महीनों क़ैद कर

एक आतयायी औपनिवेशिक सत्ता से डराने की कोशिश की। पर हज़ार तकलीफ़ उठाकर—गाँधी जी की पत्नी और उनके प्रिय सचिव दोनों का देहावसान उन सभी के जेल में रहते हुए हुआ था—वे डरे नहीं। इस समय न डरना कठिन ज़रूर है पर असम्भव नहीं है। अगर भारत में सजग-निर्भय-निर्भीक नागरिकता विस्तार पा जाये तो भय के सारे स्थापत्य ढह सकते हैं। ऐसी नागरिकता है यह प्रशान्त भूषण के प्रकरण से साफ़ हो गया है। जैसा व्यापक समर्थन उनके सर्वोच्च न्यायालय से डरे बिना अपनी आलोचना के लिए क्षमा माँगने से इनकार करने पर उन्हें मिला है वह इस आश्वस्ति का आधार है कि निर्भयता को कुचला-दबाया नहीं जा सकता। हम आज ऐसी भयावह स्थिति में हैं जहाँ हत्यारे-हिंसक-बलात्कारी राजनीति और सत्ता दोनों से प्रश्रय पा रहे हैं : क़ानून से हमें क्या डर जबकि क़ानून खुद अब सत्ता से डरने लगा है। ऐसे में निराशा होती है। एक क़िस्म की हार का अहसास भी होता है। पर हमें बीच-बीच में आने-वाले प्रशान्त-क्षणों से अपना हौसला बढ़ाना चाहिए। समय की गति तेज़ है और परिवर्तन भी दूर नहीं हो सकता। डरे हुए लोग, ख़ौफ़ के मारे समूह, परिवर्तन नहीं ला सकते। हमें किसी नायक की प्रतीक्षा नहीं करना चाहिए। अपने डर को दूर कर सर्जनात्मक और अहिंसक ढंग से निर्भय होकर हम जहाँ भी हैं इस अँधेरे के विरुद्ध एक-एक दीपशिखा हमें जलाना चाहिए। जो इतने भयावह समय में निर्भय है वह, कहीं-न-कहीं, अपराजेय भी है। हमारी परम्परा यही कहती है। निराशा का एक कर्तव्य निर्भय बनाना भी है। हो सकना चाहिए।

पितृसत्तात्मकता और हिन्दुत्व

इधर हिन्दी साहित्य के स्त्री-विमर्श में पितृसत्तात्मकता को लेखिकाएँ गम्भीरता और थोड़ी उचित आक्रामकता के साथ चुनौती दे रही हैं। यह एक ज़रूरी और लोकतान्त्रिक संघर्ष है जो व्यापक लोकतन्त्र को समतामूलक बनाने की दिशा में महत्त्वपूर्ण क़दम है। सदियों से जड़ जमाये पितृसत्तात्मक वृत्ति आसानी से शिथिल या ध्वस्त नहीं होने जा रही है। पर उसके अस्वीकार और ध्वंस के लिए एक लम्बा संघर्ष होता आया है जो, कम-से-कम, साहित्य में एक नये मुक़ाम पर पहुँच गया है। यह उल्लेखनीय है कि जो सामाजिक संरचना इस समय है उसमें तेज़ी से हुए कई परिवर्तनों के बावजूद यह वृत्ति रूढ़ बनी हुई है। यह एक और उदाहरण है जिसमें जो परिवर्तन साहित्य में अपने तर्क से हो रहा है उसकी जितनी सशक्त अभिव्यक्ति साहित्य में है, उतनी समाज में नहीं। यहाँ साहित्य समाज में हो रहे किसी परिवर्तन से प्रेरित नहीं है बल्कि वह समाज में एक मूलगामी परिवर्तन लाने की चेष्टा कर रहा है : वह अनुकर्ता नहीं, अग्रगामी है।

दूसरी ओर, यह अनदेखा नहीं किया जाना चाहिए कि इस समय राजनीति, विशेषतः सत्तारूढ़ राजनीति बहुत पौरुष-केन्द्रित हो चुकी है और उसके द्वारा हिन्दू धर्म के जिस अप्रामाणिक लेकिन कारपोरेट क़िस्म के संस्करण हिन्दुत्व को पाला-पोसा-बढ़ाया जा रहा है उसमें वे सभी तत्त्व हैं जो स्त्रियों को समाज में समान अधिकार देने के विरुद्ध और पितृसत्ता क़ायम रखने के पक्ष में सक्रिय होंगे। इसका आशय यह है कि स्त्री-विमर्श को हिन्दुत्व का सामना भी करना पड़ेगा। चूँकि यह हिन्दुत्व धर्म कम, राजनीति अधिक है, यह विमर्श बिना गहरे राजनीतिक बोध के

प्रामाणिक और सार्थक नहीं हो पायेगा। इसे भी नज़रअन्दाज़ नहीं किया जा सकता कि गोदी मीडिया भी कुल मिलाकर क़िस्म-क़िस्म की रूढ़िवादिता को ही पोस और प्रसारित कर रहा है। इसलिए संघर्ष कई स्तरों पर एक साथ होगा। यह भी ध्यान में रखना होगा कि बहुत सारे फ़ेसबुकिया और लोकप्रिय लेखक इस संघर्ष में साथ नहीं देनेवाले और वे शायद एक तरह का अघोषित अड़ंगा बन जायें।

साहित्य में सर्जनात्मक और आलोचनात्मक स्तरों पर इस संघर्ष से कई नयी सम्भावनाएँ उभर सकती हैं। संघर्ष को एक स्तर पर तीक्ष्ण-कुशाग्र बनाये रखते हुए यह ज़रूरी होगा कि उसमें साहचर्य की ऊष्मा और परस्परता के भाव भी उजागर होते रहें। हर संघर्ष अतिरंजना से काम लेता और फिर देर-सबेर उससे आगे निकल जाता है। पितृसत्ता का जड़ीभूत स्थापत्य निश्चय ही तोड़-फोड़ के बिना हटाया नहीं जा सकता। अगर यह संघर्ष साहित्य में बहुप्रतीक्षित अवाँ गार्द की तरह रूप ले सके तो उसकी अभिव्यक्ति और उपलब्धि दोनों ही टिकाऊ हो पायेंगी। यह उम्मीद करना उचित है कि ऐसी सजगता और संवेदनशीलता, साहस और कल्पनाशीलता इस संघर्ष में शामिल लेखिकाओं में है और बराबर बनी रहेगी।

दुर्बोध पर लोकप्रिय

फ्रेंच में लिखी गयी आधुनिक कविता का एक बड़ा हिस्सा दुरूह और दुर्बोध रहा है। पर वहाँ दुर्बोधता के कारण किसी महत्त्वपूर्ण कवि की लोकप्रियता प्रभावित नहीं हुई। रेने शा ऐसे ही एक कवि थे जिनका शुरू से अतियथार्थवादियों के साथ सम्बन्ध था पर बाद में उन्होंने स्वतन्त्र मार्ग चुना : वे नाज़ी सत्ता के ख़िलाफ़ प्रतिरोध में बहुत सक्रिय रहे। मेरी फ्रांस के तब के विदेशी मन्त्री और बाद में प्रधान मन्त्री हुए एक व्यक्ति से दिल्ली में लंच पर मुलाक़ात हुई थी जिन्हें रेने शा की कई कविताएँ मुखाग्र थीं। रेने शा की दो कविताएँ अनुवाद में :

प्रेम में

खिड़की के काँच का हर वर्गाकार सामने की दीवार का
हिस्सा है, दीवार में चुना गया हर पत्थर सुखी एकान्तवासी—
हमारी सुबहों और शामों को रँगता है स्वर्णधूलि और रेतों से।
हमारा घर अपनी कथा
जीता है जिसे हवाएँ तलाशती हैं चाव से।
नीचे एक सँकरी गली में यह सौभाग्य ग़ायब हो जाता है—
हमारी निगाह से परे पटरी—
कोई भी जो यहाँ से गुज़रे
जो चाहे फिर से माँग ले।

संयम रात

कुछ अधिक सख़्त हवा से
एक कम धुँधला लैम्प
हमें खोजना होगी चौकी
जहाँ रात कहेगी 'जाओ'
और हम जानेंगे कि यह सही है
जब काँच काला हो जाता है।

ओ मिट्टी अब इतनी कोमल
मेरे पकते सुख की शाखा
आकाश का उदर सफ़ेद है।
तुम हो जो जगमगाता है

मेरा गिरना, मेरा प्रेम, मेरी पराजय।

रेने शा ने कामना की थी 'घास में हमारे पदचिह्न अमर कर दो'। आधुनिक कविता में उनका पदचिह्न निश्चय ही अमर है।

02 सितम्बर 2020

साधन और सचाई

इसमें कोई सन्देह नहीं कि सचाई को जानने, दर्ज़ करने और समझने के साधन बहुत बढ़ गये हैं और उसमें ख़ासी सूक्ष्मता और प्रामाणिकता भी आ गयी है। गतिशीलता भी बहुत बढ़ गयी है : हम चाहें तो बहुत तेज़ी से जान सकते हैं। लेकिन इसके साथ-साथ हमें सचाई से विरत करनेवाले, हमें भटकानेवाले, हमें सचाई के बजाय झूठ बतानेवाले साधन भी बहुत बढ़ गये हैं। जो साधन सचाई तेज़ी से बताते हैं वही साधन हमें उतनी ही तेज़ी से झूठ भी दिखा-समझा सकते हैं, रहे हैं। सच और झूठ के बीच जो पारम्परिक स्पर्धा रही है वह हमारे समय में बहुत तीख़ी, तेज़ और कई बार निर्णायक हो गयी है। कई बार तो सचाई हम तक पहुँच ही नहीं पाती क्योंकि उसी साधन से अधिक तेज़ी और आक्रान्ति से झूठ पहले आकर बैठ और पैठ जाता है। यह अद्‌भुत समय है जब ज़्यादातर झूठ सचाई की शक्ल में पेश हो रहा है और उसे मान लेनेवाले किसी बेचारगी से नहीं, बहुत उत्साह से ऐसा कर रहे हैं। कई बार लगता है कि सचाई जानने-फैलाने के सभी साधन झूठ और फ़रेब ने हथिया लिए हैं और उनसे सचाई लगातार अपदस्थ हो रही है। अगर संयोग से एकाध सचाई सामने आ भी जाये तो फ़ौरन ही उस पर इतनी तेज़ी से, पूरी अभद्रता और अश्लीलता से, हमले होते हैं कि एक सुनियोजित और बेहद फैला दिया झूठ सचाई को ओझल कर देता है। यह नज़रअन्दाज़ नहीं किया जा सकता कि अब जितनी तेज़ी से भक्ति फैलती है उतनी तेज़ी से घृणा भी। हम इस समय भक्ति और घृणा के अनोखे गणतन्त्र बन रहे हैं।

सचाई से ध्यान हटाने का एक और बेहद कारगर उपाय इन दिनों इलेक्ट्रोनिक मीडिया अपना रहा है। वह असली मुद्दों को दरकिनार करने के लिए हास्यास्पद ढंग से ग़ैरज़रूरी मुद्दों पर इस क़दर बहस करता, चीख़ता-चिल्लाता है कि करोड़ों दर्शकों को यह याद भी नहीं रहता कि हमारे जीवन, समाज और देश के असली विचारणीय और परेशान करनेवाले मुद्दे क्या हैं? हमारी आर्थिक व्यवस्था लगभग पूरी तरह से बर्बाद हो गयी है। हमारी शिक्षा व्यवस्था गम्भीर संकट में है। हमारी सीमाओं पर चौकसी में कुछ कमी रही है कि चीनियों ने इतनी घुसपैठ कर दी है और वहाँ से हटने को तैयार नहीं हो रहा है। कोरोना महामारी के चलते भारत में, दुनिया में सबसे .ज़्यादा दैनिक नये मामले सामने आ रहे हैं और उनकी संख्या 45 लाख के क़रीब पहुँच रही है। निजी अस्पताल इस दौरान पूरी निर्ममता से अनाप-शनाप वसूली कर रहे हैं। हवाई अड्डे और रेलवे के कुछ हिस्से निजी हाथों में सौंपे जा रहे हैं। महँगाई आसमान छू रही है। पुलिस, संवैधानिक संस्थाओं का राजनीतिक दुरुपयोग चरम पर है। पर इनमें से एक भी मुद्दा हमारे सार्वजनिक माध्यमों पर ज़ेरे-बहस नहीं है। यह आकस्मिक नहीं हो सकता : निश्चय ही इसके पीछे बहुत चतुर-सक्षम दुर्विनियोजन है। यह सवाल उठता है कि क्या सचाई इस समय निरुपाय है या कि अन्तःसलिल?

धर्म नहीं विचारधारा

हिन्दुत्व में भले हिन्दू धर्म के कुछ प्रतीकों, अनुष्ठानों, देवता आदि को हथिया लिया है, उसका धर्म से कुछ लेना-देना नहीं है। वह एक विचारधारा है। लगभग हर विचारधारा की तरह उसे लड़ने के लिए, घृणा करने के लिए, हिंसा करने और नष्ट करने के लिए 'अन्य' चाहिए जबकि हिन्दू धर्म के लिए समूचे इतिहास में ऐसे 'अन्य' की कोई ज़रूरत या अनिवार्यता नहीं रही है। इस धर्म ने जो वर्णव्यवस्था विकसित की उसमें ऊँच-नीच, अपने-पराये के भाव तो बद्धमूल थे पर अन्ततः शूद्र भी हिन्दू रहे हैं और उनके साथ सामाजिक हिंसा का बेहद बेशर्म इतिहास है। शूद्र अगर 'अन्य' थे भी तो धर्म के अन्तर्गत ही थे। इससे बिल्कुल उलट हिन्दुत्व को 'अन्य' बाहर चाहिए और मुसलमान, ईसाई उसका 'अन्य' हैं। हिन्दू धर्म में, व्यवहार और चिन्तन दोनों में, सदियों फैला अन्य धर्मों के साथ, इस्लाम और ईसाइयत के साथ गहरा संवाद किया है और उसका लक्ष्य समरसता रही है, हिन्दुत्व की तरह सत्ता नहीं। फिर हिन्दू धर्मचिन्तन एकतान नहीं रहा है—उसमें लगभग स्वाभाविक रूप से बहुलता रही है, इसका सहज स्वीकार भी। हिन्दुत्व इस बहुलता के अस्वीकार, उसे ध्वस्त करने को अपना धर्म मानता है।

हिन्दुत्व में, विचारधारा होने के कारण और धर्म से कोई गहरा सम्बन्ध न होने के कारण, उन तीन धर्मों बौद्ध, जैन और सिख की कोई पहचान नहीं है जबकि वे हिन्दू धर्म से असहमत होकर स्वतन्त्र धर्मों के रूप में पैदा और विकसित हुए। इस तरह से, ऐतिहासिक रूप से, कई सदियों तक ये धर्म हिन्दू धर्म का 'अन्य' थे। हिन्दू धर्म की संवादप्रियता के कारण ही भारतीय इस्लाम और भारतीय ईसाइयत काफ़ी बदले, उन्होंने हिन्दू धर्म

को प्रभावित किया और स्वयं उससे प्रभावित हुए। भारत में इस्लाम और ईसाइयत अपने मौलिक, अरबी और पश्चिमी संस्करणों से ख़ासे अलग हैं : वे उन धर्मों से भारतीय संस्करण हैं जो इस बहुधार्मिक संवाद का प्रतिफल है। ऐसी कोई समझ हिन्दुत्व में नहीं है। उसकी जो भी समझ है, वह हिन्दू धर्म के इतिहास के विरोध या नकार की समझ है। इसका एक आशय यह भी है कि हिन्दुत्व धर्म नहीं, हिन्दू धर्म का एक कट्टर हिंसक संस्करण नहीं बल्कि उसके नाम का दुरुपयोग कर विकसित हुई विचारधारा है।

इस विचारधारा का भारतीय संस्कृति और परम्परा से भी कोई सम्बन्ध नहीं है, भले वह उनकी दुहाई देती है। भारतीय संस्कृति के कुछ मूल आधार हैं जिनमें बहुलता, परस्पर आदान-प्रदान, संवाद आदि हैं। जिन धर्मों को हिन्दुत्व अपना अन्य मानता है उनके सर्जनात्मक और बौद्धिक अवदान की कोई स्मृति और समझ उसमें नहीं है। भारत में साहित्य, संगीत, ललित कलाएँ, भाषा, नृत्य, रंगमंच, स्थापत्य आदि अनेक क्षेत्रों में बौद्ध, जैन, सिख, इस्लाम, ईसाइयत आदि धर्मों का बहुत मूल्यवान और कई अर्थों में रूपान्तरकारी योगदान रहा है।

फिर हिन्दू धर्म पर लौटें जो सामान्य अर्थ में धर्म है ही नहीं : वह एक पैगन व्यवस्था रही है जिसमें बहुदेववाद, एकेश्वरवाद, निराकार ब्रह्म, अनीश्वरवाद आदि सब समाये हुए हैं। हिन्दुत्व इस पैगन संरचना को एक मन्दिर, एक देवता आदि में घटाकर इस धर्म की दरअसल अवमानना कर रहा है। एक और पक्ष विचारणीय है। हिन्दू धर्म में प्रकृति के साथ तादात्म्य और उसे दिव्यता का एक रूप मानने का आग्रह रहा है। इसके लिए ठीक उलट हिन्दुत्व जिस आर्थिक नीति का समर्थक है वह प्रकृति के शोषण और पर्यावरण की क्षति को विकास के लिए ज़रूरी मानती है। प्रकृति की पवित्रता को लगातार क्षत-विक्षत करनेवाली इस वृत्ति को हिन्दू धर्म से बेमेल बल्कि उससे गम्भीर विचलन ही कहा जा सकता है।

सभ्यता-बोध

एक ग़ैर सिविल सेवक बन्धु ने मुझसे यह जिज्ञासा की कि भारतीय सिविल सेवाओं में किस तरह का सभ्यता-बोध सक्रिय है। उन्होंने यह जोड़ा कि आधुनिक प्रशासन-व्यवस्था का मूल चीनी राज्य व्यवस्था में विकसित मैंडेरिन रहे हैं जिनके लिए कलाओं में केलिग्राफ़ी, कविता आदि में दक्ष होना तक अनिवार्य माना जाता था। मैं थोड़ा सोच में पड़ गया। 35 वर्ष स्वयं सिविल सेवा में रहने और उसके बाद भी उसके कई सदस्यों से सम्पर्क रहने के कारण मेरा यह अनुभव है कि अधिकांश सिविल सेवकों में कोई अच्छा-बुरा, गहरा-सतही सभ्यता-बोध होता ही नहीं है। उन्हें यह लगता ही नहीं है कि वे जिस सभ्यता के हैं उसके प्रति उनकी कोई ज़िम्मेदारी भी है। यह आकस्मिक नहीं है कि उनमें से अधिकांश पश्चिमी सभ्यता के कुछ बेहद सतही अभिप्रायों से प्रेरित रहते हैं और उसी के अनुसार अपनी सफलता का लक्ष्य निर्धारित करते हैं। भारत जैसे निहायत बहुलतामूलक समाज में, उसके हज़ारों सम्प्रदायों, सैकड़ों भाषाओं और बोलियों, स्थानीय प्रथाओं और स्मृतियों में न उनकी दिलचस्पी होती है, न कोई समझ या संवाद। एक कामचलाऊ संस्कृति जिसमें लोकप्रिय तत्त्व जैसे बम्बइया फ़िल्म, फ़िल्म संगीत, पॉप संगीत, कैलेण्डर कला, ग़ज़ल गायकी, चालू टेलीविज़न आदि से मिलकर उनका बोध बनता है। उनमें से अधिकांश को सभ्यता, भारतीय सभ्यता से अबोध ही कहा जा सकता है। सिविल सेवा के प्रशिक्षण में इतिहास आदि पढ़ाया तो जाता है पर वह कोई बोध नहीं उपजाता या उकसाता। अलबत्ता जब-तब ऐसे सिविल सेवक मिलते हैं जिनमें, अपवाद स्वरूप, ऐसा बोध होता है। पर उनकी संख्या ख़ासी कम रही है और लगातार कम हो रही है।

इसका एक और पक्ष है। बहुत सारे सिविल सेवक किसी सभ्यता-बोध के अभाव में हिन्दुत्व जैसी घातक विचारधारा को बहुत आसानी से अपना लेते हैं। चूँकि इस विचारधारा ने कुछ पारम्परिक अभिप्राय-अनुष्ठान-प्रतीक आदि हथिया लिए हैं, इस अबोध सिविल सेवा को वे आकर्षित करते हैं। चीनियों से आजकल बड़ी स्पर्धा का माहौल है। उनसे हमने यह सीखा होता कि कैसे सभ्यता-बोध सिविल सेवा के लिए एक अनिवार्य तत्त्व है तो हम यह स्पर्धा बेहतर ढंग से कर सकते थे।

सिविल सेवा में प्रवेश कड़ी स्पर्धा से मिलता है और उसे कुशाग्रता की सर्वोच्च उपलब्धि माना जाता है। यह विचित्र है कि भारत जैसी संसार की गिनी-चुनी सभ्यताओं में से एक के सबसे कुशाग्र लोग सार्वजनिक सेवा में बिना सभ्यता-बोध के सक्रिय रहते हैं और इसके लिए उनके मन में कोई जिज्ञासा तक नहीं होती।

12 सितम्बर 2020

घृणा का भूगोल

इस पर, बार-बार अनेक क्षेत्रों में, चिन्ता बढ़ रही है कि भारतीय समाज में घृणा और भेदभाव लगातार फैल रहे हैं। यह भी चिन्ता का कारण है कि इन दोनों को बरतने वाले भी बहुत तेज़ी से बढ़ रहे हैं। हमारा समय इस मामले में लगभग अभूतपूर्व है कि उसमें घृणा, भेदभाव, हत्या और हिंसा को उचित माननेवाले इतने अधिक हो गये हैं। यह भी पहली बार है कि इन वृत्तियों को फैलाने के साधन बहुत बढ़ गये हैं, अत्यन्त सक्षम हैं और उनकी पहुँच हमारी जनसंख्या के बड़े भाग तक हो गयी है।

हाल में बेहद लोकप्रिय और मनलुभावन फेसबुक को लेकर जो विवाद हुआ है उससे यह स्पष्ट है कि इस मंच को राजनीतिक और नैतिक रूप से तटस्थ मानना सरासर भूल है और यह भी कि ऊपर जिन अभद्र-असामाजिक-अमानवीय वृत्तियों का ज़िक्र किया गया है उन्हें फैलाने में भी उसकी दुर्भाग्यपूर्ण और अलोकतान्त्रिक भूमिका है। फेसबुक के मालिकों ने अपने बचाव में जो दलील दी हैं वे बेहद लचर हैं और यह स्पष्ट हो रहा है कि बिना किसी औचित्य और जवाबदेही के यह मंच सत्तारूढ़ शक्तियों का पक्षधर बन गया है और उसके हितसाधन में संलग्न भी है।

एक और पहलू उभरता है जिस पर विचार करना चाहिए। फ़ेसबुक जैसे माध्यम यह आकलन करके ही बाज़ार में आते हैं कि वहाँ किस तरह की वृत्तियाँ लोकप्रिय हैं और फैल सकती हैं। भले वह इसे स्वीकार न करे, पर फ़ेसबुक ने घृणा और भेदभाव के पक्ष में जो कुछ किया या जो कुछ बाधित किया है, वह इस आकलन पर आधारित है कि भारतीय समाज में घृणा और भेदभाव तेज़ी से फैल रहे हैं और फैलाये जा सकते हैं।

इस आकलन के आधार पर ही वह सक्रिय हुई है। इससे फ़ेसबुक की बुनियादी अनैतिकता तो उजागर होती ही है, यह भी स्पष्ट होता है कि भारतीय समाज अब इन्हीं दुष्प्रवृत्तियों की चपेट में है और सत्तारूढ़ राजनीति उसका चतुर नियोजन अपने लिए कर रही है।

ग़नीमत यह है कि फ़ेसबुक पर इनका विरोध करनेवालों के लिए अभी जगह बची हुई है और उसकी व्याप्ति को देखते हुए हम पहले आज़मायी 'दुश्मन के मंच का इस्तेमाल' करने की जुगत पर लौटना चाहिए। घृणा और भेदभाव को, किसी हद तक, प्रेम और सद्भाव की लगातार आक्रामक अभिव्यक्ति से संयमित किया जा सकता है। यह एक नैतिक विडम्बना है कि हम ऐसे मंच का इस्तेमाल करें जो अनैतिक के पक्ष में सक्रिय-सचेष्ट है। यह नहीं भूलना चाहिए कि सत्तारूढ़ राजनीति ने गाली-गलौज करनेवाली ट्रोलर्स की जो बड़ी टीम बनायी है वह भी इसी मंच का इस्तेमाल कर रही है और उनकी संख्या अपार लगती है। पर जो भी हो, प्रेम और सद्भाव को हिम्मत नहीं हारना चाहिए, न उम्मीद छोड़नी चाहिए।

नीचता की बेहद

सार्वजनिक जीवन में गिरावट, नैतिक और आध्यात्मिक गिरावट, राजनीतिक और सामाजिक गिरावट, थमने का नाम नहीं ले रही है। गिरावट-चौतरफ़ा है : राजनीति, सत्ता, मीडिया आदि सब इस गिरावट को तेज़ और गहरा करने में होड़ लगाये हुए है। कोविड मामलों का आँकड़ा पचास लाख के पार जा चुका है, बेरोज़गारी का प्रतिशत ऐतिहासिक होने जा रहा है, न्यायालय और अन्य संवैधानिक संस्थाएँ इस गिरावट को रोकने के बजाय उसे बढ़ाने और कुतर्क से वैध ठहराने की होड़ में हैं। लेकिन सप्ताहों से हमारे बड़े टेलीविज़न चैनल एक फ़िल्मी अभिनेता की आत्महत्या को सबसे बड़ा राष्ट्रीय मुद्दा बनाने में पूरी नीचता से व्यस्त हैं। यही नहीं, जैसा कि सर्वथा प्रत्याशित था, बिहार के चुनावों में इस आत्महत्या को एक मुद्दा बनाने की ओर क़दम उठाये जा रहे हैं। नीचे गिरने की, लगता है, हमारे सार्वजनिक जीवन में कोई हद नहीं रह गयी है : सत्ताकामी और उसकी पिछलग्गू शक्तियाँ नीचता की हर हद को पार करने की ओर पूरे आत्मविश्वास और आक्रामता से बढ़ रही हैं। झूठ, झाँसा, दुचित्तापन, वाक्हिंसा, निराधार लांछन आदि नयी राजनीति का स्वभाव बन गये हैं। उसके लिए किसी तरह की नीचता जायज़ है अगर उससे उसका कोई हित सधता हो।

किसी भी क़ीमत पर सफल होने की होड़ में फँसा मध्यवर्ग, जो किसी तरह के नैतिक बोध से शून्य होने को अपनी भारतीयता की पहचान मानने लगा है, नीचता के इस रौरव में मुदित मन शामिल रहा है। अलबत्ता इसके कुछ चिह्न उभर रहे हैं कि उसके कुछ हिस्से का, ख़ासकर बेरोज़गार पढ़े-लिखे नौजवान अब मोहभंग हो रहा है : पुण्यनगरी इलाहाबाद में उनका

एक जुलूस थालियाँ बजाकर रोज़गार की माँग करते निकला है, कोविड महामारी को भगाने के लिए एकजुटता दिखाने के लिए नहीं। यह असन्तोष निश्चय ही बढ़ेगा। घृणा से पेट नहीं भरता और भेदभाव से रोज़गार नहीं मिलता या चलता।

जो विकल्पहीनता बार-बार बतायी जाती और, बिना किसी सूक्ष्म विश्लेषण के, स्वीकार की जाती रही है वह हो सकता है कि अब मिटने के क़रीब है। सौ करोड़ से अधिक आबादीवाला इतना बड़ा देश, इतनी बड़ी सभ्यता विकल्पहीन नहीं हो सकते। विकल्प तो उभर के रहेगा। बल्कि शायद कई विकल्प होंगे। पर उन्हें कारगर होने के लिए कोमल घृणा और कोमल भेदभाव का आसान रास्ता छोड़ना होगा। उनका काम उन मुद्दों पर फिर राजनीति को केन्द्रित करने का होना चाहिए जो ग़रीबी, बेरोज़गारी, अशिक्षा, लोक स्वास्थ्य आदि के हैं। आज मानवीय नियति सारे संसार में घृणा-भेदभाव-हिंसा द्वारा निर्धारित की जा रही है। उसका भारत में एक अहिंसक सत्याग्रही प्रतिरोध उभरना चाहिए। हमें किसी महानायक की प्रतीक्षा नहीं है : हमें तो साधारण की गरिमा और पहल का इन्तज़ार है जो गिरावट को थाम ले।

आधुनिकता और हिंसा

इन दिनों आधुनिकता और उत्तर-आधुनिकता पर कम बात होती है। यह कुछ ऐसा है कि मानो दोनों ही बीत चुकी वृत्तियाँ हैं : उनकी जगह क्या है, क्या आ गया है यह बहुत स्पष्ट और व्यापक रूप से मान्य नहीं हुआ है। हमारा समय कुछ इस क़दर उलझा और उलझानेवाला है कि उसे किसी केन्द्रीय वृत्ति से परिभाषित करना बहुत कठिन है। इसमें कोई सन्देह, फिर भी नहीं हो सकता कि यह समय बेहद हिंसक है। भारत में अधिक, पर अन्यत्र भी कम नहीं। हिंसा की विचित्र और कई बार अप्रत्याशित दुर्भाग्यपूर्ण निरन्तरता मानवीय विकास में है।

आधुनिकता जब पश्चिम में अपने चरम पर थी और सोचने-रचने के सभी पारम्परिक स्थापत्य ध्वस्त किये जा चुके थे तब वहाँ दो विश्वयुद्धों, नाज़ीवाद, फ़ासीवाद और सोवियत साम्यवाद के विविध रूपों में हिंसा का ताण्डव हुआ, दशकों चला। हिंसा इतनी अधिक व्यापी कि करोड़ों लोगों का नरसंहार हुआ। आधुनिकता को इसका दुश्श्रेय है कि उसके अन्तर्गत पहले दो विश्वयुद्ध हुए और इतना भीषण नरसंहार हुआ। यह सोचने पर विवश होना पड़ता है कि आधुनिकता के मूल में जो मुक्ति का स्वप्न था वह क्यों और कैसे हिंसा के रौरव में बदल गया। उसने मुक्ति के नाम पर परतन्त्रता के नये संस्करण प्रस्तुत और पुष्ट किये। यह भी याद रहना चाहिए कि आधुनिकता का एक वैकल्पिक अहिंसक संस्करण महात्मा गाँधी ने भारत में विकसित किया और इतिहास में सम्भवतः सबसे विकराल औपनिवेशिक साम्राज्य का अन्त शुरू किया। इसका स्पष्ट आशय यह है कि आधुनिकता में व्यापक मुक्ति, बिना हिंसा और नरसंहार के, सम्भव थी।

उत्तर-आधुनिकता ने दृष्टियों की बहुलता को स्वीकार किया और आधुनिकताओं की बहुलता को भी। पर उसने भी दशहतगर्दी के रूप में हिंसा, लोकतान्त्रिक व्यवस्थाओं के अधिक असहिष्णु और अनुदार होने के रूप में व्यक्त हिंसा, हिंसा के कुछ रूपों जैसे जातीय घृणा और भेदभाव को बढ़ावा दिया। उत्तर-आधुनिकता ने, आधुनिकता का अनुगमन करते हुए, अत्याधुनिक टेकनालॉजी का बर्बर प्रयोग करना शुरू किया। आज भारत में अत्याधुनिक टेकनालॉजी का धड़ल्ले से दुरुपयोग हिंसा-हत्या-भेदभाव-घृणा के लिए किये जाते हम लगातार देख रहे हैं। यों पहले भी उसके कुछ-न-कुछ तत्त्व सक्रिय थे, पर अब हम उत्तर-आधुनिक दौर में लोकतन्त्र-न्याय-समता में कटौती, तानाशाही वृत्ति का वैध ठहराया जा रहा उदय, साम्प्रदायिक और धर्मान्धता का अपार विस्तार देख रहे हैं। पारम्परिक और आधुनिक झूठों प्रपंचों की जगह बहुत आक्रामक ढंग से उत्तर-आधुनिक झूठों और प्रपंचों ने ले ली है। आज झूठ किसी को लज्जित नहीं करता और सच की सार्वजनिक जीवन में कोई जगह और परवाह नहीं रह गयी है। क्या उस उत्तर-आधुनिक हिंसा का कोई उत्तर-आधुनिक विकल्प, अहिंसक और मानवीय गरिमा की रक्षा करनेवाला है या सम्भव है? उसके कोई लक्षण कहीं नज़र आते हैं, हमारे बेहद चकाचौंध और चिकने-चुपड़े समय में?

18 सितम्बर 2020

शहरे आरज़ू

दिल्ली को कभी किसी ने कवियों का शहर कहा हो ऐसा याद नहीं आता। वास्तुकारों के एक समूह ने जब हाल ही में मुझसे दिल्ली पर 'सिटी आव् पोएट्स' के रूप में बात करने को कहा तो इस ओर ध्यान गया। हिन्दी के सन्दर्भ में इलाहाबाद, बनारस, पटना आदि शहर कवियों के शहर, उचित ही, कहे और माने जाते रहे हैं। पर दिल्ली के बारे में यह तथ्य अक्सर लक्ष्य नहीं किया जाता कि दिल्ली उर्दू, हिन्दी और पंजाबी, कम-से-कम तीन भाषाओं के सिलसिले में सबसे बड़ा शहर है : इन भाषाओं के बोलने-बरतनेवाले जितने दिल्ली में हैं, उतना शायद किसी और शहर में नहीं हैं। पहले की सात दिल्लियों को भूल भी जाये, जो उजड़ीं-लूटी गयीं और बसीं, तो आज दिल्ली में तीन दिल्लियाँ तो कम-से-कम हैं : उर्दू दिल्ली, हिन्दी दिल्ली और पंजाबी दिल्ली। कम-से-कम हिन्दी दिल्ली के बारे में तो यह सही है कि जितने हिन्दी के लेखक और प्रकाशक दिल्ली में हैं उतने किसी और शहर में नहीं।

अगर हम अमीर खुसरो को खड़ी बोली और इसलिए हिन्दी और उर्दू दोनों का पहला कवि मानें तो वे दिल्ली में रहे, पटना से फ़ारसी के बड़े शायर बेदिल दिल्ली आये थे और मथुरा रोड पर मटका पीर के सामने सड़क के दूसरी ओर उनकी क़ब्र है। बरसों पहले ख़राब हालत में पहुँच गयी इस मज़ार का अफ़गान सरकार ने पुनरुद्धार कराया था। मीर ने दिल्ली के कई बार लूटे जाने का बखान आपबीती 'ज़िक्रे मीर' में और कविता में किया है। 'शहाँ कि कुहे जवाहिर थी ख़ाके पा जिनकी/उन्हीं की आँख में फिरती सलाइयाँ देखीं।' अन्यत्र उन्होंने यह भी कहा : 'दिल वो नगर

नहीं कि फिर आबाद हो सके/पछताओगे, सुनो हो ये बस्ती उजाड़कर'। मीर की तरह ग़ालिब दिल्ली में पैदा नहीं हुए थे पर आगरे से आकर बस गये थे। उनकी मज़ार भी यहीं है। उनके लिए यह शहरे-आरज़ू था : 'अब मैं हूँ मातमे-यक-शहरे-आरज़ू/तोड़ा जो तूने आइना तिमसालदार था।' उन्हें यह भी कहना पड़ा : 'तुम शहर में हो, तो हमें क्या ग़म, जब उठेंगे/ले आयेंगे बाज़ार से, जाकर दिल्लो-जाँ और।' 18वीं शताब्दी के एक शायर फ़ाइज़ देहलवी ने लिखा : 'ख़ूब-रू आश्ना हैं 'फ़ाइज़' के/मिल सबी राम राम करते हैं।' अवधी-ब्रज के कवि रहीम का मक़बरा दिल्ली में ही है और उन्होंने श्रृंगार काव्य 'नगर शोभा' नाम से लिखा हालाँकि उनके नीतिपरक दोहे अधिक लोकप्रिय हैं।

दिल्ली के मूल निवासी बहुत कम हैं : लगभग हर कोई बाहर से आकर यहाँ बसता रहा है। इनमें लोदी वंश, मुग़लों अँग्रेज़ों से लेकर आज तक के शासक शामिल हैं। रघुवीर सहाय ने एक पुस्तक लिखी थी : 'दिल्ली मेरा परदेश'। नवीन, दिनकर, बच्चन, मैथिलीशरण गुप्त से लेकर अज्ञेय, शमशेर, त्रिलोचन, नेमिचन्द्र जैन, गिरिजाकुमार माथुर, भारत भूषण अग्रवाल, प्रभाकर माचवे, नरेश मेहता, अजित कुमार, रघुवीर सहाय, सर्वेश्वर दयाल सक्सेना, श्रीकान्त वर्मा, केदारनाथ सिंह, कुँवर नारायण यहाँ आये-रहे। रामदरश मिश्र, विष्णुचंद्र शर्मा बाद में मलयज, विष्णु खरे, प्रयाग शुक्ल, कमलेश, सुरेश सलिल, मंगलेश डबराल, विष्णु नागर, अनामिका, लीलाधर मण्डलोई, गगन गिल आदि की लम्बी सूची है। बिल्कुल युवा पीढ़ी के अनेक कवि दिल्ली में ही रहते हैं।

मेरे जैसा किंचित् कवि भी पिछले 28 वर्षों से यहाँ है। इसे दिल्ली की विडम्बना ही कहा जा सकता है कि कोई भी कवि अपने को दिल्ली का नहीं मानता : उसमें उसका कोई पिछला शहर भी बसा रहता है और उसकी कविता अक्सर 'शहरे-आरज़ू' की तलाश करती रहती है। दिल्ली को कई और शहरों के लोग लगातार कोसते रहते हैं पर यह भी सही है कि बनती नहीं है बात, दिल्ली आये बग़ैर। कभी 'आलम में इन्तख़ाब' और कभी 'उजड़ा दयार', दिल्ली अब ऐसा शहर है जहाँ शहर को अपना कवियों का भी शहर होना याद नहीं है।

कपिला वात्स्यायन

कपिला वात्स्यायन का देहावसान एक साथ भारतीय संस्कृति के कई क्षेत्रों में क्षति है। वे स्वतन्त्र भारत में उन थोड़ी-सी आवाज़ों में से एक थीं जिन्हें भारतीय सभ्यता की आवाज़ कहा जा सकता है। उनकी विद्वत्ता गहरी थी और वे भारत के पारम्परिक पण्डितों से लेकर अन्तरराष्ट्रीय भारतविदों से संवादरत रहती थीं। उनको भारत में परम्परा और आधुनिकता के बीच के द्वन्द्व और संवाद का सजग अहसास था और उनका आग्रह हर कहीं सन्दर्भ में रखकर किसी बात को समझने का होता था। परम्परा की बहुलता की उन्हें अच्छी पहचान थी और आधुनिकता को भी एकवचन मानने से कभी सहमत नहीं हुईं। उनकी विद्वत्ता प्रखर सर्जनात्मकता में, एक तरह से, बद्धमूल थी। उन्होंने शास्त्रीय नृत्य की कई शैलियों जैसे कथक, मणिपुरी आदि में अच्छन महाराज, गुरु अमोबी सिंह आदि से प्रशिक्षण लिया था और वासुदेव शरण अग्रवाल के अन्तर्गत भारतीय परम्परा में शिल्प और नृत्य के बीच सम्बन्ध पर शोध किया था। वे आधुनिक, शास्त्रीय और लोक कलाओं के बीच, औपनिवेशिक मानसिकता के अन्तर्गत लादे गये विभाजन को सिरे से अमान्य करती रहीं और उनमें निरन्तरता देखती-दिखाती रहीं। उन्हें इसका पूरा यक़ीन था कि आधुनिक लोकतान्त्रिक भारत में उसकी पारम्परिक बहुलता को नया और सशक्त रंग से समकालीनता के प्रसंग में रूपान्तरित किया जा सकता है।

एक अर्थ में कपिला जी भारतीय संस्कृति के स्वाभिमान का प्रतीक भी बन गयीं, ख़ासकर अन्तरराष्ट्रीय सांस्कृतिक सम्मेलनों में वे बहुत स्पष्टता और प्रखरता से भारतीय दृष्टि पर इसरार करती रहीं और ऐसे अवसरों पर

उनकी उपस्थिति अलक्षित नहीं जा पाती थी। मैंने 1992 के एक यूनेस्को सम्मेलन में, उनकी यह चित्ताकर्षक और विचारोत्तेजक उपस्थिति अपनी आँखों देखी थी।

स्वतन्त्र भारत में जितनी संस्कृति के क्षेत्र में राष्ट्रीय संस्थाओं की स्थापना और विकास से कपिला जी जुड़ी रहीं उतना शायद ही कोई और व्यक्ति। तीनों राष्ट्रीय अकादेमियों, उच्चतर तिब्बती अध्ययन संस्थान, इन्दिरा गाँधी राष्ट्रीय कला केन्द्र, सीसीआरटी, इण्डिया इण्टरनेशनल सेण्टर आदि सबसे उनका गहरा सम्बन्ध रहा है। उन्होंने स्वतन्त्र भारत में राजकीय स्तर पर संस्कृति के महत्त्व को स्वीकार कराने में निर्णायक भूमिका निभायी। वे उन सिविल सेवकों में एक थीं जिनका संस्कृति के क्षेत्र में सक्रिय मूर्धन्य लेखकों, कलाकारों, विद्वानों, पारम्परिक गुरुओं, आधुनिक अध्येताओं आदि से निजी परिचय और संवाद था। शिक्षा व्यवस्था में उन्होंने कई बार हस्तक्षेप कर उसमें संस्कृति के तत्त्व को सशक्त और व्यापक करने पर बल दिया।

कुछ बरसों पहले कपिला जी की अधिकृत जीवनी अँग्रेज़ी में आयी थी जिसमें लगभग चार सौ पृष्ठों में दो हज़ार लोगों का नामोल्लेख था। इस पर मज़ाक़ और व्यंग्य हुए थे। पर वह उनके समय के भारतीय सांस्कृतिक जगत् के 'हूज़ हू' की तरह हैं। उसमें वात्स्यायन जी का नाम सरसरी तौर पर ही है और उनके साथ सम्बन्ध का कोई विश्लेषण या आत्मपक्ष नहीं है। अलबत्ता 2011 में अज्ञेय शती के अवसर पर वत्सल निधि और रज़ा फ़ाउण्डेशन के एक संयुक्त आयोजन में कपिला जी आयीं थीं और भारतीय ज्ञानपीठ द्वारा प्रकाशित अज्ञेय रचनावली के पहले खण्डों का लोकार्पण उन्होंने सहर्ष किया था, हालाँकि पूरी शालीनता से चुप रहीं, कुछ बोलीं नहीं। कई बार लगता रहा है कि वात्स्यायन जी के साथ सम्बन्ध बिगाड़ का एक दुष्प्रभाव उन पर यह पड़ा कि वे समकालीन हिन्दी साहित्य से विरत हो गयीं।

पिछले छह महीनों में कला-जगत् के अनेक मूर्धन्य दिवंगत हुए हैं जिनमें चित्रकार सतीश गुजराल, चित्रकार ज़रीना हाशमी, मूर्तिकार नागजी पटेल, रंगकर्मी और कलाविद् इब्राहिम अलकाज़ी, कवि-चिन्तक मुकुन्द लाठ,

शास्त्रीय संगीतकार पण्डित जसराज और कलाविद् कपिला वात्स्यायन शामिल हैं। याद नहीं आता कि कभी पहले इतनी कम अवधि में, जो वैसे भी कालछाया में है, इतनी मूर्धन्यता को काल ने हमसे छीना हो।

मुझे याद आता है कि 1974 में एक लेखक के रूप में मेरी पहली विदेश यात्रा कपिला जी के कारण ही सम्भव हुई थी। उनसे कई बार मतभेद के अवसर भी आये। इन्दिरा गाँधी राष्ट्रीय कला केन्द्र का कुछ समय मैं न्यासी था और उसे समकालीन सर्जनात्मकता से जोड़ने का एक विफल प्रयत्न मैंने किया था : कपिला जी उसके विरुद्ध थीं। रज़ा फ़ाउण्डेशन के जो कार्यक्रम इण्डिया इण्टरनेशनल सेण्टर में हुए उनमें से कई में वे आती रहीं। जिनमें नहीं आ पायीं उसकी रिकार्डिंग उन्होंने बाद में सुनीं। संस्कृति के क्षेत्र में ऐसे हज़ारों लोग हैं आज जो उनके देहावसान से उत्पन्न शून्य को बहुत दुखद पा रहे होंगे।

22 सितम्बर 2020

गाँधी की ज़रूरत

जो लोग और शक्तियाँ इस समाज को हिंसा-हत्या-घृणा से, भेदभाव और अन्याय से चलाना और उसमें नये विभाजन पैदा करना चाहते हैं उनकी एक ज़रूरत है गाँधी की दुबारा से हत्या करने की, उनके विचार और दृष्टि को ध्वस्त करने की। पर जो लोग और शक्तियाँ इस सबका विरोध करते हुए सार्वजनिकता को, लोकतन्त्र की आत्मा को, स्वतन्त्रता-समता-न्याय के संवैधानिक मूल्यों का रैडिकल पुनराविष्कार करने के संघर्ष में लगे हैं, उन्हें गाँधी की और भी अधिक ज़रूरत है। यह इतिहास का अनोखा मुक़ाम है जहाँ दो परस्पर विरोधी दृष्टियों को सफल और सार्थक होने के लिए एक ही नायक चाहिए—एक तो खलनायक की तरह, दूसरे को महानायक की तरह।

गाँधी ने 1927 में याने स्वतन्त्रता संग्राम के दौरान कहा था : 'गहरे भरोसे से कहा गया 'न' कहीं बेहतर और महत्तर है उस 'हाँ' से जो सिर्फ़ तुष्ट करने या कि और भी बदतर तकलीफ़ से बचने के लिए कहा गया हो।' ऐसे लोग, समूह और आन्दोलन बढ़ते जा रहे हैं जो आज 'न' कहने की हिम्मत कर रहे हैं, जो झूठे वायदों, झाँसों, विश्वासघातों की सचाई पहचान चुके हैं और जो अब हाँ में हाँ मिलाने से अपने को अलग कर रहे हैं। उनको बदनाम करने, उनकी देश के प्रति वफ़ादारी पर सवाल उठाने, उनको किसी-न-किसी 'नाकरदा गुनाह' के लिए धर-पकड़ने की नीच कार्रवाई की बाधाओं का सामना करना पड़ेगा। लेकिन लगता यह है कि गाँधी की अहिंसक आत्मशक्ति, इनकार करने का साहस, सविनय अवज्ञा अब नये रूपाकार ले रही है। गाँधी ने फिर 1927 में यह भी कहा था : 'अगर सहयोग कर्तव्य है तो, मैं मानता हूँ कि कुछ स्थितियों में असहयोग भी

समान रूप से कर्तव्य होता है।' घृणा, अन्याय, शोषण, भेदभाव, हिंसा-हत्या की मानसिकता से असहयोग आज हर भारतीय नागरिक का लोकतान्त्रिक, नैतिक और धार्मिक कर्तव्य है। यह असहयोग निरा मानसिक या बौद्धिक नहीं हो सकता : उसे ठोस कर्म का रूप भी लेना होगा। बेरोज़गारी भयानक रूप से बढ़ने और किसानों की अनसुनी करने के सन्दर्भ में जो नागरिक सजगता नज़र आ रही है, वह, एक तरह से, सत्ता के ज़ोर-जुल्म के बरक्स, सविनय अवज्ञा ही है। गाँधी अपने जीवनकाल में भी एक व्यक्ति नहीं रह गये थे : वे एक कालजयी विचार, एक अपराजेय मानवीय दृष्टि और शैली बन चुके थे और यही विचार, यही शैली फिर आज रूप ले रहे हैं। विचार के इस पुनराविष्कार को बाधित-लांछित-दण्डित करने की नीच हरकत फिर होंगी। पर उम्मीद करना चाहिए कि जो विचार गाँधी की हत्या के 70 वर्ष बाद भी संसार भर में जीवित है, वह आसानी से, हिंसा और क्रूरता से, पुलिस और धन बलों से दबाया या ध्वस्त नहीं किया जा सकेगा। गाँधी की एक बड़ी सीख हार न मानने की भी है। याद करें कि दंगों की हिंसा से झुलसी नोआखाली में 'एकला चलो रे' गाते हुए बहुत कम लोगों के साथ चलते हुए गाँधी ने हार नहीं मानी थी। अन्ततः जीत सत्य और अहिंसा की ही होती है, भले उन पर हमेशा ख़तरे मँडराते रहते हैं।

सच की विडम्बना

यों तो हर समय और समाज में सच बहुत सारे झूठों से घिरा होता है और अक्सर उसे झूठों की भीड़ में अलग से पहचान पाना मुश्किल होता है। हमारे समय में झूठ की भीड़ और शक्ति, उसका प्रचार-प्रसार और गति सभी बहुत बढ़ गये हैं। झूठ पर भरोसा करनेवालों की संख्या भी बहुत बढ़ गयी है। फिर भी, सच को पहचानने वाले और उसे निडरता से कहनेवाले भी अब लगातार बढ़ रहे हैं। झूठ खुद को भी अनेक रंगों-छवियों, लोकलुभावन पहरावों में पेश करता रहता है। सच उनकी मुट्ठी में है ऐसा दावा करनेवाले भी राजनीति, धर्म, बाज़ार और मीडिया में बेहद बढ़ गये हैं। सच, लगता है, पहले की अपेक्षा और भी अल्पसंख्यक हो गया है। ऐसे दमघोंटू माहौल में फिर गाँधी को याद करना एक सशक्त और हौसला बढ़ानेवाला सहारा है।

1927 में गाँधी ने कहा था : 'संसार के सभी धर्म, फिर से भले कई मामलों में एक-दूसरे से भिन्न हों, मिलकर यही घोषणा करते हैं कि संसार में सच के अलावा और कुछ भी जीवित नहीं रहता।' उन्होंने जोड़ा कि 'चीज़ों का आधार नैतिकता है और नैतिकता का सत्व सत्य है।' गाँधी मानते थे कि 'आचरण का सुनहरा नियम परस्पर सहिष्णुता है, यह देखते हुए हम सभी कभी एक जैसा नहीं सोचेंगे सत्य को विभिन्न दृष्टिकोणों से हमेशा टुकड़ों में ही देखेंगे।' उनके सामने यह स्पष्ट था कि 'सत्य की खोज गुफा-कन्दरा में नहीं की जा सकती। चुप्पी का कोई अर्थ नहीं जब ज़रूरी हो बोलना।' हम इस समय दृश्य पर यह महसूस कर सकते हैं कि बोलने वाले, सारी बाधाओं के बावजूद, बढ़ रहे हैं। हालाँकि गाँधी-दर्शन जैसी विद्या को अब व्यापक मान्यता मिल चुकी है, गाँधी सकर्मक चिन्तक थे :

उनका सोच-विचार कर्म द्वारा सत्यापित होता था और उसी से अक्सर निकलता भी था। उनकी स्पष्ट मान्यता थी कि 'धर्मग्रन्थ तर्क और सच को अतिक्रमित नहीं कर सकते। उनका अभीष्ट है तर्क को शुद्ध करना और सच को आलोकित।'

गाँधी ने एक बार यह भी कहा कि 'मेरे निकट यह रहस्य ही है कि कैसे लोग अपने को गौरवान्वित अनुभव करते हैं अपने साथ के प्राणियों को नीचा दिखाकर, अपमानित कर।' हम देख सकते हैं कि अनेक अन्धभक्त और बहुत सारे टेलीविज़न एंकर ऐसे अपमान करने को बहादुरी मानते हैं और उन्हें ऐसा करते देखते करोड़ों लोग मज़ा लेते हैं। स्वयं गाँधी की मूर्ति पर जूते मारते, गाँधी की तसवीर पर गोली दागते लोग इन दृश्यों को सार्वजनिक मीडिया पर अपनी बहादुरी के दृश्य बनाकर पेश करते हैं। नीचता, तरह-तरह की नीचता, शायद हर समाज में हर समय में रही है। पर नीचता का ऐसा अभद्र, अश्लील और भौंड़ा प्रदर्शन शायद पहले कभी नहीं होता था। नयी टेकनोलॉजी ने जहाँ एक ओर लोकतान्त्रिकता, शिरकत आदि बढ़ायी हैं, वहीं दूसरी ओर उसने नीचता, घृणा, हिंसा आदि को फैलाने का काम भी बख़ूबी किया है। हम साफ़ देख सकते हैं कि बाज़ार और बहुसंख्यकतावाद नीचता और घृणा से क़तई संकोच नहीं कर रहे हैं। ऐसे में फिर गाँधी याद आते हैं जिन्होंने अपनी अदम्य लोकतान्त्रिकता के चलते कहा था कि 'हर कोई चाहे तो अपने अन्दर की आवाज़ सुन सकता है। वह हर किसी में है।' क्या हम यह आवाज़ आज सुन पा रहे हैं या कि उसको दबाने, उसकी अनसुनी करने में लगे हैं?

बुराई का भारी पलड़ा

अच्छाई और बुराई के बीच हमेशा एक महाकाव्यात्मक द्वन्द्व चलता रहा है। सदियों से यह हो रहा है और हमारे समय में यह अधिक विकराल हो गया लगता है। जितने साधन अच्छाई के पास अपने को फैलाने-बढ़ाने के हैं उतने ही बुराई के पास हैं और कई बार लगता है कि बुराई के पास अच्छाई के मुक़ाबले अधिक कौशल, अधिक क्षमता है : उसके प्रति आकर्षण भी अधिक बढ़ गया है। आख़िर हमारे समाज में हिंसा-हत्या-घृणा-भेदभाव का जो बढ़ता हुआ प्रचार-प्रसार है वह इसी का जीता-जागता सुबूत है।

धर्म के नाम पर जो अन्याय और अत्याचार हो रहे हैं उनका कितने धर्माचार्यों-मौलानाओं आदि ने खुलकर विरोध किया है? विधर्मी के साथ बलात्कार तक तो उचित और नैतिक माना जा रहा है। पहले भी ऐसा हुआ है पर हमारे समय में यह स्पष्ट है कि धर्म अपनी हिंसा, कट्टरता और पाखण्ड से और कई अनाचारों पर चुप्पियों से मनुष्य के साथ, उसके अनिवार्य अध्यात्म के साथ विश्वासघात कर रहे हैं।

इस पर ध्यान कम जाता है कि इस समय संसार पर, राजनीतिक व्यवस्थाओं के आर-पार, तीन शक्तियाँ निर्णायक भूमिका निभा रही हैं। पहली है शस्त्र-व्यवस्था। पश्चिम की अनेक महाशक्तियाँ, विशेषतः अमरीका और कई यूरोपीय देश संसार के कई क्षेत्रों में युद्ध उकसाते हैं ताकि प्रभावित देशों को अपने हथियार बेच सकें। हथियारों का सारा व्यापार राष्ट्रीय सुरक्षा के नाम पर गोपनीय होता है और देशों का गुपचुप, भयानक रूप से बढ़े दामों पर, शस्त्रीकरण हो रहा है। इसका सीधा प्रतिकूल प्रभाव उन देशों की

अर्थव्यवस्था पर पड़ रहा है और विशेषतः सामाजिक कल्याण, शिक्षा, स्वास्थ्य की योजनाओं को पर्याप्त राशि उपलब्ध नहीं हो पा रही है।

दूसरी ऐसी ही व्यवस्था है दवाइयाँ बनानेवाली कम्पनियों की। नये-नये रोग पैदा हो रहे हैं। जैसे कि कोराना वाइरस और उनके उपचार के लिए नयी वैक्सीन विकसित करने की होड़ लगी है। एक-दूसरे को नीचा दिखाने के अलावा ये कम्पनियाँ अपने हितसाधन के लिए विशेषज्ञता के क्षेत्रों में अनैतिक हस्तक्षेप कर रही हैं और तरह-तरह के भ्रम और ग़लतफ़हमियाँ धड़ल्ले से, डाक्टरों के सहयोग से, फैला रही हैं। ऐसे डाक्टरों और मेडिकल संस्थाओं की कमी नहीं है जो इन कम्पनियों से घूस लेकर उनके एजेण्ट की तरह काम कर रहे हैं : शिकार हैं हम सामान्य जन जिनको पता भी नहीं है कि जो दवाई हमें दी जा रही है वह उपयुक्त है या नहीं। ये कम्पनियाँ राजनीतिक दलों आदि को भी अपने भ्रष्टाचार के दायरे में आसानी से शामिल कर लेती हैं।

तीसरी व्यवस्था है फ़ेसबुक। उसके नियन्ताओं ने यह समझ लिया है कि उसके माध्यम से घृणा, भेदभाव आदि फैलाकर समाजों को तोड़ा जा सकता है और ऐसी राजनीतिक शक्तियों को समर्थन दिया जा सकता है कि वे इस टूट के आधार पर सत्ता हासिल करें। अमरीका, फ्रांस, भारत आदि कई देशों में यह किया गया है। यह बात प्रमाण सहित सामने आ चुकी है।

हम जब तक इस सचाई को पहचानेंगे नहीं, बुराई का पलड़ा भारी होता जायेगा और भलाई हलकी पड़ती जायेगी।

01 अक्टूबर 2020

राजकीय अराजकता

हमने कभी यह कल्पना नहीं की थी कि भारतीय लोकतन्त्र, जिसकी सशक्त जड़ें हमारे स्वतन्त्रता संग्राम, संविधान और परम्परा में थीं और हैं, कभी ऐसे मुक़ाम पर पहुँच जायेगा कि राजनीति तन्त्र का खुल्लमखुल्ला दुरुपयोग कर ऐसी हालत पैदा कर देगी जिसे राजकीय अराजकता ही कहा जा सकता है। राजव्यवस्था और न्यायव्यवस्था में जो अनिवार्य और संवैधानिक दूरी थी वह मिट गयी है और अब न्यायव्यवस्था उन्हीं हितों और पूर्वग्रहों से परिचालित है जिनसे कि राजव्यवस्था। दोनों के इस एकीकरण में न्यायबुद्धि लगभग अप्रासंगिक हो गयी है।

बाबरी मसजिद ध्वंस को लेकर सर्वोच्च न्यायालय और विशेष अदालत के फ़ैसले, इस सिलसिले में, देखे जा सकते हैं। विशेष अदालत ने सभी राजनेताओं और धर्मनेताओं को उस ध्वंस के लिए ज़िम्मेदार ठहराये जाने के आरोप से साफ़ बरी कर दिया है। मसजिद शायद अपने आप शर्मसार होकर गिर गयी होगी। सर्वोच्च न्यायालय ने इस ध्वंस को ग़ैरक़ानूनी तो माना पर उसके लिए जो धार्मिक समुदाय दोषी था उसी को अपना मन्दिर बनाने के लिए वह ज़मीन उदारता से सौंप दी। विशेष अदालत में जाँच एजेंसियों द्वारा प्रस्तुत साक्ष्य पर्याप्त नहीं पाया गया : यह पूरी तरह से प्रत्याशित था। जिस अराजकता का हम ज़िक्र कर रहे हैं उसका यह सोचा-समझा और पूर्वनियोजित पहलू है कि जाँच का नाटक करो, अपर्याप्त साक्ष्य अदालत के सामने पेश करो और जघन्य से जघन्य अपराधी को बरी करा लो।

हाथरस में एक दलित लड़की के गैंग बलात्कार के (और उसके शरीर को बुरी तरह से इतना घायल किये जाने से कि उसकी मृत्यु हो गयी)

आरोपियों को गिरफ़्तार कर लिया गया है पर इसमें शक है कि उन्हें सज़ा हो पायेगी। वे सवर्ण हैं भले पाशविक और अमानवीय हैं। उनके समर्थन में एक सवर्ण परिषद् आ भी गयी है। यह इस समय अपराधों के मामले में सबसे बर्बर उत्तर प्रदेश में ही सम्भव होता है कि जघन्य से जघन्य अपराधों के दोषियों के पक्ष में खुलेआम निडर होकर कुछ समूह आ जाते हैं : उनका बाल भी बाँका नहीं होता, जाँच-प्रक्रिया भी और गड़बड़ा जाती है। उत्तर प्रदेश में यह कैसा समाज हो गया है जो निस्संकोच और निडर इस तरह की हिंसा-हत्या-बलात्कार को प्रोत्साहित करने लगा है? राज की निर्ममता और समाज की बर्बरता एक-दूसरे को पोसने में संलग्न हैं। राज ने न्यायव्यवस्था और तन्त्र ही अपने क़ब्ज़े में नहीं कर लिए हैं, समाज भी वह हजम कर रहा है।

इस बेहद दुखद और दुर्भाग्यपूर्ण प्रभाव से बचा नहीं जा सकता कि हिन्दू समाज बुरी तरह से टूट रहा है : लगता है उसकी लोकतन्त्र बचाने-पोसने में कोई आस्था नहीं बची है। वह भयावह जातिवाद और साम्प्रदायिकता की चपेट में है जो कि सिरे से लोकतन्त्र-विरोधी वृत्तियाँ हैं। उस पर दबंग पौरुषवादी गुण्डागर्दी हावी है। उसका उदार वर्ग अगर बचा है तो चुपचाप है और अपनी कायरता में बन्द है। हिन्दू मानस सदियों से विकेन्द्रित और सराजक रहा है : अब वह केन्द्रित और अराजक है।

वैचारिक ईमानदारी

हाल ही में शानी फ़ाउण्डेशन ने 'हिन्दी साहित्य में वैचारिक ईमानदारी' पर एक संवाद आयोजित किया। साहित्य में तरह-तरह की ईमानदारी दरकार होती है जिनमें से वैचारिक ईमानदारी भी है पर वह अकेली या असम्बद्ध नहीं होती : भाषा, परम्परा, समय, सचाई, आत्म, समाज सभी के प्रति ईमानदारी का हिस्सा होती है। यह भी कि साहित्य निरे विचार से नहीं लिखा जाता : विचार साहित्य की रचना और आलोचना में एक तत्त्व होता है और यह तत्त्व सृजन के ताप में, संवेदना के दबाव में, सचाई की आँच में, आत्मा की खोज में पिघलता-बदलता रहता है। फिर, साहित्य की अपनी वैचारिक सत्ता होती है : वह जीवन-जगत्-सचाई-आत्म आदि पर सोचने-विचारने की विधा है। साहित्य में सारे विचार बाहर से नहीं आते, कुछ स्वयं उसकी रचना में अपने आप उभरते हैं। साहित्य भी ज्ञान है इसको स्वीकार करने में हमारे यहाँ बड़ी हिचक रही है। मुक्तिबोध के दो पद याद करें : संवेदनात्मक ज्ञान और ज्ञानात्मक संवेदन। साहित्य में दोनों होते हैं, आवयविक ढंग से गुँथे हुए।

जब सचाई, समाज, समय परिवर्तनशील हैं तो विचार का परिवर्तनशील होना स्वाभाविक और अनिवार्य है। महत्त्वपूर्ण लेखकों और कृतियों में वैचारिक एकतानता हो यह ज़रूरी नहीं है। परिवर्तनशीलता और अवसरवादिता में अन्तर है : अक्सर ऐसी अवसरवादिता लोकप्रियता, मान्यता, सत्ता की अनुकूलता आदि पाने के लिए होती है। लेकिन ईमानदारी वफ़ादारी नहीं होती जबकि ऐसे विचारधारात्मक संगठन और शक्तियाँ होती हैं जिनकी माँग वफ़ादारी की होती है, ईमानदारी की नहीं। यह भी याद रखना चाहिए कि

अभिमत विचार नहीं होता : साहित्य के सन्दर्भ में वही विचार ध्यान देने योग्य होता है जो रचना में रसा-बिंधा हो, उसमें सक्रिय हो। कई बार घोषणाओं को विचार मानने की भूल होती है। हमारी अपनी आधुनिक परम्परा में बड़े लेखकों ने अपनी ईमानदारी के अन्तर्गत ही कई तरह के अन्तर्विरोधों को अपने सृजन में प्रश्रय दिया और जब-तब अपनी विचारधारा का अतिक्रमण किया है। ईमानदारी अतिक्रमण में होती है, वफ़ादारी में नहीं। याद यह भी रखना चाहिए कि ईमानदारी काफ़ी नहीं होती हालाँकि ज़रूरी होती है।

शमशेर के यहाँ अपनी मार्क्सवादी निष्ठा का बराबर उद्घोष है और वह असन्दिग्ध है। पर उनकी श्रेष्ठ कविताएँ वे हैं जहाँ उनकी तथाकथित सामाजिक प्रतिबद्धता नहीं, अद्वितीय सौन्दर्य-बोध सक्रिय है। उनकी रूमानियत लगभग क्लैसिकल है। मुक्तिबोध जब अपनी कविता में अन्तःकरण के संक्षिप्त होने की चेतावनी देते और आत्मसम्भवा अभिव्यक्ति की तलाश को सबसे ऊपर रखते हैं तो वे ईमानदारी से अपनी विचारधारा का अतिक्रमण कर रहे हैं। निर्मल वर्मा अपने जीवन के उत्तर काल में अपने हिन्दू आग्रहों के लिए बदनाम हैं लेकिन उनके साहित्य में ऐसे सुझाव का कोई साक्ष्य नहीं मिलता। श्रीकान्त वर्मा सत्ता का अंग होते हुए 'मगध' में सत्ता की अन्ततः विफलता का आख्यान रचते हैं। साहित्य में, मुझे लगता है, ऐसा हर वैचारिक स्खलन सृजनक्षम होता है और वैचारिक ईमानदारी का सत्यापन भी होता है। इन्हें अन्तर्विरोधों की तरह भी देखा जा सकता है। ऐसे बड़े या महत्त्वपूर्ण लेखक हमारे समय में कम हुए हैं जिनमें ऐसे अन्तर्विरोध न हों, और जिनमें वैचारिक एकतानता हो। मानवीय स्थिति और नियति, समय और समाज, आत्म और पर सभी अन्तर्विरोधग्रस्त हैं तो भला साहित्य उसका साक्ष्य क्यों कर न हो?

यूटोपिया

संसार में जिन विचारधाराओं का प्रचलन, प्रभाव और वर्चस्व रहा है, वे सभी निरपवाद रूप से कोई-न-कोई यूटोपिया प्रस्तावित करती रही हैं। कई बार उन विचारधाराओं के आधार पर जो राजसत्ताएँ बनी हैं, उन्हें ऐसे ही यूटोपिया के आधार पर जाँचा-परखा जाता रहा है। यह भी सही है कि अधिकांश यूटोपिया वास्तविकता नहीं बन पाये और उनका दुरुपयोग सत्ता में बने रहने के लिए किया गया। हिटलर और नाज़ी यहूदी-मुक्त ईसाई बनाना चाहते थे और ऐसा करने के लिए उन्होंने करोड़ों का सुनियोजित नरसंहार किया। लेनिन और स्टालिन एक वर्गहीन शोषण-मुक्त नया समाज गढ़ना चाहते थे और उन्होंने भी राजशक्ति का दुरुपयोग कर विकराल नरसंहार किये। अब हमारे समय के ये दो बड़े यूटोपिया इतिहास के घूरे पर पड़े हैं।

अपने छोटे भाई कवि-कथाकार उदयन से बात हो रही थी। उसने जिज्ञासा की कि इस समय जो शक्तियाँ सत्तारूढ़ हैं और राष्ट्रीय स्वयंसेवक संघ का यूटोपिया क्या है। उसने जोड़ा कि अगर वह हिन्दू राष्ट्र स्थापित करना है तो वह अपने मूल में ही अभारतीय है। उसके अनुसार इस यूटोपिया का सिर्फ़ इतना ही अर्थ है कि राष्ट्र-राज्य पर हिन्दू क़ाबिज़ हो जायेंगे और करोड़ों लोग दोयम दर्ज़े के नागरिक हो जायेंगे। भारत में तो राष्ट्र-राज्य की कल्पना कभी नहीं थी और यह विचार अँग्रेज़ों के साथ आया। गाँधी के पास यह समझ थी और उन्होंने ग्राम स्वराज और रामराज्य की जो परिकल्पना की वह भारतीय परम्परा से निकली थी। उसका लक्ष्य था और है : सत्ता का विकेन्द्रीकरण जबकि इस समय

राज्य-व्यवहार है सत्ता का अभूतपूर्व केन्द्रीकरण। उदयन का कहना है यह यूटोपिया सिरे से अभारतीय है और उसका हिन्दू चिन्तन से भी कोई सम्बन्ध नहीं है। इस पर बहस की गुंजाइश है। पर हमें इस पर गम्भीरता से सोचने की ज़रूरत है कि हम जो आज देख रहे हैं वह राष्ट्र-राज्य की ही विकृत परिणति है। उदयन इस पर इसरार करते हैं कि जो यूटोपिया 'दूसरे' रचकर उनका अपवर्जन करता है और करोड़ों लोगों को बाहर करने की चेष्टा करता है वह न मानवीय है, न भारतीय, न हिन्दू।

09 अक्टूबर 2020

कविता की कोशिश

आजकल लगभग हर चीज़ के बारे में बात दावे की पदावली में होती है। यह और बात है कि इन दावों की जाँच-परख करने का उत्साह कम होता जाता है। करने वाले और उन्हें उचित माननेवाले दोनों ही, बहुत जल्दी, दावे भूल जाते हैं। कविता के बारे में कुछ कहना, ऐसे माहौल में, दावे करना जैसा लग सकता है जबकि तरह-तरह के दावे करने का लगभग मौरूसी हक़ हाल मुक़ाम राजनेताओं, धर्मगुरुओं, विज्ञापनकर्ताओं और मीडियाकर्मियों ने ले रखा है। कविता कोशिश भर कर सकती है, जिसमें कर्म और आकांक्षा आदि सब मिलेजुले हैं। यह भी याद रखने की दरकार है कि कविता के बारे में जो हम कहते हैं और जो करते हैं उनमें कुछ दूरी अनिवार्यतः रहती है।

हमारा समय इस क़दर निर्जन और बाधित है कि ऐसा लग सकता है कि यह कविता का समय नहीं है। लेकिन इसे कविता का समय बनाया जा सकता है : कवि की मानवीयता, सजग अन्तःकरण, भाषा की अन्तर्ध्वनियों को मुखर-सशक्त-ऊर्जस्वित करके, संवेदना, कल्पना और साहस से। इसका कोई बँधा-बँधाया ढाँचा नहीं होता। यह ढाँचे तोड़ने, नयी तामीर करने का समय है।

सब, लगभग सारी सत्ताधारी और सत्ताकामी राजनीति मूल्य-विपन्न, घृणा-भेदभाव फैलाऊ, हिंसक, नीचता की हर हद पार करने पर उतारू हो रही है। कविता को एक तरह की प्रतिराजनीति की तरह उभर सकना चाहिए : उदार, समावेशी, अहिंसक अपनी मानवीयता में तात्कालिक और अदम्य।

भाषा में, ख़ासकर हिन्दी भाषा में और हिन्दी समाज में इतना झूठ, इतनी नफ़रत, इतना भेदभाव, इतनी साम्प्रदायिक संकीर्णता, इतनी हिंसा, इतना झगड़ालूपन आदि भर गये हैं कि भाषा में इन सबके सशक्त प्रतिरोध की तरह मानवीय गरमाहट, संग-साथ, मेल-जोल का पुनर्वास ज़रूरी है। कविता ऐसा पुनर्वास कर सकती है भाषा को सत्याग्रह की विधा बनाकर, उसकी सांस्कृतिक-सामाजिक स्मृति जगाकर, उसमें कवि की हिस्सेदारी और जवाबदेही को चरितार्थ करते हुए।

कविता सार्थक हस्तक्षेप तभी हो सकती है जब वह पूरी तैयारी से, किसी तरह के वैचारिक उपनिवेश बनने से इनकार करते हुए, अपना स्वराज स्थापित करे, जटिलता, सूक्ष्मता, कल्पना, संवेदना, साहस, विकल्प की सचाई और सपने को गूँथते हुए। जो आम तौर पर अब राजनीति, धर्म, अन्य सामाजिक माध्यमों, मीडिया आदि में नहीं हो रहा है वह कविता में होना चाहिए, बिना अपने प्रथमतः और अन्ततः कविता होने से कोई समझौता किये या ढील दिये : सविनय अवज्ञा, सविनय प्रतिरोध की विधा।

मनुष्य का सच बल्कि उसके सभी सच असीम होते हैं और वह किसी एक विधा या माध्यम में न तो पूरा समा सकते हैं, न निश्शेष हो सकते हैं। कविता में भी नहीं। हर समय में, और हमारे समय में सच के दावेदार बहुत हैं, होते हैं—उनके दावों से अलग कविता अपने सचों की सम्पूर्णता का कोई दावा नहीं करती, कर सकती। उसके सभी सच संशयग्रस्त और अधूरे होते हैं जो मानवीय शिरकत और समझदारी और आत्मालोचन से ही मुक्त, पूरे और विविध हो पाते हैं। कविता सच पर इसरार करती है पर उसका कोई दावा नहीं करती।

कविता की कोशिश होती है, और इस समय यह कोशिश और भी ज़रूरी हो गयी है, रचने, बचने, बचाने, जताने, सुनने-सुनाने की और वह इन क्रियाओं का समाहार करती है। विस्मृति को बढ़ाने और स्मृति को नष्ट करने का एक बेहद दुष्ट पर अत्यन्त कुशल अभियान चल रहा है और उसके चलते कविता याद रखने, याद दिलाने की जगह है। कविता की सकर्मकता, उसकी स्वतन्त्र वैचारिक सत्ता उससे उद्भूत नैतिक विवेक से ही सम्भव होती है। विस्मृति और दुर्व्याख्या की मुहिम के बरक्स कविता स्मृति

का सजीव-सशक्त हस्तक्षेप हो सकती है। जैसे उम्मीद का, वैसे ही स्मृति का घर कविता हो सकती है।

यह याद रखना और दिलाना ज़रूरी है कि कविता का संघर्ष, आत्मसंघर्ष, आत्मप्रश्नता, नैतिक बोध और विवेक सभी भाषा के अन्तर्गत ही होते हैं : लहूलुहान होते हुए भी भाषा कविता में नैतिक आभा से दीप्त-ज्योतित होने की कोशिश करती है, कर सकती है। जीवन और सचाई हमेशा कविता से बड़े होते हैं : कविता की यह जैविक अपर्याप्तता है। अपने नाकाफ़ी होने के बोध से कविता कभी मुक्त नहीं हो पाती है पर उससे बाधित या लाचार भी महसूस नहीं करती।

क्रूर-हिंसक-अमानवीय समय में भी कविता जीवन की, सचाई की बहुलता का उत्सव मनाने की जुरत करती रहती है : वह उनकी अदम्य बहुलता का सत्यापन करती है, उस पर आग्रह करती है : वह एकसेपन की तानाशाही का स्वतःस्फूर्त पर अनिवार्य विरोध होती है।

हर दिन लोकतान्त्रिक कटौती के भीषण समय में कविता उस जीवन को नज़रअन्दाज़ नहीं करती जो राजनीति-धर्म-बाज़ार-मीडिया आदि से बाहर अपनी सनातन लय में स्पन्दित होता जीवन है। ऐसे कुसमय में कविता लोकतान्त्रिक नागरिकता का एक नया जीवन्त और उत्तरदायी संस्करण हो सकती है। ऐसा रूप जिसमें असहमति या प्रतिरोध दृष्टि का नहीं, रुचि का मामला बन जाये, जहाँ सुन्दरता को दर्ज़ करना, उसका एहतराम करना पलायन न माना जाये, जिसमें बहुलता की पकड़-समझ संवेदना, कल्पना, यथार्थ, भाषा हर स्तर पर हो।

हम इतने अँधेरे में हैं और हर दिन यह अँधेरा और गाढ़ा और अभेद्य होता जाता है कि हमें ठीक से पता नहीं चल पाता कि हम अँधेरे में एक सीढ़ी और नीचे उतर गये हैं या कि एक सीढ़ी ऊपर चढ़ गये हैं। कविता ऐसे अँधेरे में उजाले की तलाश है : वह अटल दीवार में भी उजाले की कोई दरार खोज ही लेती है। नाउम्मीद समय में कविता उम्मीद का दूसरा नाम, उजाले की एक और शिनाख़्त है। एक और सम्भावना।

अन्ततः

ऋतुराज का नया कविता संग्रह 'हम उत्तर मुक्तिबोध हैं' (क़लमकार मंच जयपुर), मुझे हाल ही में मिला। उसकी कुछ कविताओं से कुछ अंश :

सोचते हो/हाँ, सोचते हो कि उनसे बदला लेने के लिए/भाषा के सिवा तुम्हारे पास कोई दूसरा अस्त्र नहीं/जबकि उनके पास तुम्हारी हत्या करने के लिए/सब कुछ है भाषा के सिवा

. . .

वे कब तक क़िलाबन्दी करते रहेंगे तुम्हारी भाषा की?/कब तक उसे थकियाते रहेंगे भविष्य की क़ैद अँधेरी गलियों में/करोड़ों शब्दों की तरह करोड़ों लोग मारे जा रहे हैं/उपेक्षा और भेदभाव से/पर अन्ततः जीत उसकी भाषा की होगी

. . .

कहने को तो बहुत कुछ हो रहा है इस देश में/बस भाषा गन्दी हुई है और बेहद झूठी

. . .

शब्दों को डोरी से बाँधते हैं तो वे गिरते हैं अन्धकूप में/सल्फ़्यूरिक एसिड से जल जाते हैं काग़ज़/झूठे प्रतिबिम्ब से ग़ायब हो जाता है चेहरा/जन्मने की शोकधुन बन जाती हैं कलाकृतियाँ/और तुम्हें कहना पड़ता है कि/'मेरी किताब अस्थियाँ हैं समय के कचरे के ढेर पर'

. . .

'तुम्हारे ग़रीबों से ऊपर हैं हमारे ग़रीब/क्योंकि वे हैं हमारे बहुत क़रीब'

. . .

वह जिन्हें विवशता में अपना ख़ून पिला रहा है/उनके शत्रु भीतर घुस कर कहते हैं, 'उन्हें ख़ून दिया है/तो हमें तुम्हारा मांस दो'

. . .

पहचानता हूँ कि झूठ की तरफ़ सच के भी/कई घिनौने रूप होते हैं

. . .

सच का जो कार्यक्षेत्र है/वह झूठ का भी है/लेकिन झूठ इतना सीमित और ठोस है/कि पकड़ में आ जाता है/सच पकड़ में नहीं आता/कभी-कभी उसे पकड़ने के लिए/झूठ का सहारा लेना पड़ता है

. . .

कोई कितना भी हल्ला मचाये/सचाई यह है कि गोवंश से पहले मनुष्यता मर चुकी है।

. . .

कविता लिखना भी एक बेहद सनकी आत्मघाती/शग़ल माना जायेगा/टूटी टाँगों वाले एक बूढ़े कवि के पास/कोई उपाय नहीं है/ कि वह अपने चेहरे को/अँधेरे से रोशनी की तरफ़ ला सके।

12 अक्टूबर 2020

अनुवाद-असम्भव गीत

1989 में भारत भवन द्वारा आयोजित विश्व कविता-समारोह में लातीनी अमरीकी कवियों की बड़ी सशक्त उपस्थिति थी : निकानोर पार्रा, रोबर्तो हुआरोज़, अर्नेस्तो कार्दिनाल, नेन्सी मोरेजान और आमेरो अरिजीज़। यह आकस्मिक नहीं था। यह इस बात का एहतराम करना था कि विश्व कविता में तब स्पहानी क्षण था। अभी कुछ काग़ज़ात नबेरते हुए हुआरोज़ के एक छोटे से इण्टरव्यू का अँग्रेज़ी अनुवाद मिल गया जो उन्होंने ही भेजा था। कार्दिनाल ने तो एक लम्बा लेख लिखा था और उसे संसार का सबसे बड़ा और सशक्त समारोह क़रार दिया था। कविता को मनुष्य का बुनियादी शब्द बताते हुए हुआरोज़ ने कहा था कि इस शब्द को अनेक भाषाओं के माध्यम में फैलाना और समझना बहुत ज़रूरी है। उन्होंने गाँधी के विचार से प्रेरणा लेते हुए यह कहा कि कविता वह आयाम है जो इतिहास को अतिक्रमित और पराजित करता है।

उस समय कृष्ण बलदेव वैद ने हुआरोज़ की कुछ कविताओं के अँग्रेज़ी से अनुवाद किये थे जो उस अवसर पर प्रकाशित पुस्तक 'पुनर्वसु' में संकलित हैं। उनमें से ये कुछ अंश देख :

हर व्यक्ति को चाहिए
एक ऐसा गीत जिसका
अनुवाद असम्भव हो।

——

इसीलिए शायद जब
आप सोचते हैं

किसी के बारे में तो
शायद आप उसे
बचा रहे होते हैं।

——

क्या कोई चीज़ है हमें/नीचे से उठाये हुए/या बनवा लेती है/हमसे कोई पक्षी यह देखने के लिए/कि हवा है या नहीं/या रचवा लेती है हमसे इक संसार यह देखने के लिए/कि ईश्वर है या नहीं/या पहनवा लेती है/हमसे टोपी यह साबित करने के लिए/कि हम हैं।

अब दोनों कवि हुआरोज़ और अनुवादक वैद साहब दिवंगत हैं। हम उनकी बनायी टोपी पहनकर यह साबित कर रहे हैं कि अभी हम हैं।

गाँधी-चर्चा

महात्मा गाँधी से अधिक पारदर्शी भारतीय पिछले डेढ़ सौ-दो सौ बरसों में दूसरा कोई नहीं हुआ। उनका सोचा-किया-लिखा सब उपलब्ध है। भारत में उनसे ज़्यादा अभिलेखित व्यक्ति भी कोई दूसरा नहीं हुआ। राजनेता से लेकर सन्त तक, लफंगों से लेकर विद्वान् तक, आम तौर पर, कुछ-न-कुछ छुपाते हैं : गाँधी इस मामले में अनोखे और अभूतपूर्व थे कि उन्होंने राजनेता, सन्त और विचारक होते हुए कुछ नहीं छुपाया, सब कुछ जगज़ाहिर किया या होने दिया। ऐसे पारदर्शी गाँधी की हत्या को लेकर पिछले कुछ वर्षों से तरह-तरह के प्रवाद कुछ शक्तियों द्वारा फैलाये जा रहे हैं जिनमें उनका देश के विभाजन के लिए ज़िम्मेदार बताना शामिल है—उस सारे साक्ष्य की पूरी तरह से अवहेलना करते हुए, जो सार्वजनिक क्षेत्र में उपलब्ध है।

मूलतः लेखक अशोक कुमार पाण्डेय ने, जो इतिहासकार नहीं हैं, हाल ही में प्रकाशित अपनी पुस्तक 'उसने गाँधी को क्यों मारा' (राजकमल) में गहरे अध्यवसाय से सारे साक्ष्य को पूरी सावधानी और प्रामाणिकता से हिसाब में लेते हुए, सारे सन्दर्भों की गहरी छान-बीन करते हुए गाँधी की हत्या का सच उजागर किया है और उन पर लगाये गये अनेक निराधार आरोपों का सप्रमाण खण्डन किया है। यह उल्लेखनीय है कि अशोक पाण्डे वामपन्थी हैं और वामपन्थ के भी गाँधी को लेकर पूर्वग्रह रहे हैं। पर अशोक ने इन पूर्वग्रहों से अपनी तीखी और ईमानदार नज़र को प्रभावित नहीं होने दिया है। लगभग 30 पृष्ठों की सन्दर्भ-सूची है जिसके आधार पर पुस्तक में तथ्य देने की कोशिश की गयी है। यह पुस्तक सचमुच 'इतिहास को भ्रष्ट करनेवाले दौर में एक बौद्धिक सत्याग्रह' का दर्जा रखती है। यह सत्याग्रह हिन्दी में हुआ है, यह हिन्दी के लिए अच्छी और ज़रूरी बात है।

लगभग ढाई सौ पृष्ठों की यह पुस्तक बहुत पठनीय है और उसका वृत्तान्त आप एक ही दिन में पूरा पढ़ सकते हैं जैसा कि मैंने किया। सच का, सचाई का अपना आकर्षण, अपनी लय होते हैं और उसका बखान, इस पुस्तक में, बिना किसी लागलपेट या अलंकरण के, औपन्यासिक सम्प्रेषणीयता लिए हुए है। हिन्दी में आधुनिक इतिहास को लेकर ऐसी सुशोधित और पठनीय पुस्तक इधर कम ही देखने में आयी हैं।

यों तो पुस्तक गाँधी की हत्या के असली दोषियों और उस विचारदृष्टि की शिनाख़्त से ताल्लुक रखती है जिसकी मूलवृत्ति हिंसा-हत्या की और भारत में हिन्दू राष्ट्र स्थापित करने की थी। सुरक्षा में लापरवाहियाँ हुईं और हत्या का अन्देशा बतानेवाली सूचनाओं को दुर्लक्ष्य किया गया। पर हत्या नाथूराम गोडसे ने की और उसके पीछे एक पूरा समूह था जिसके प्रेरक सावरकर थे। गाँधी को लेकर जो प्रवाद फैलाये गये हैं उनका तथ्यपरक और तर्कसंगत प्रत्याख्यान भी पुस्तक में किया गया है। यह सच नहीं है कि गाँधी ने भगत सिंह को फाँसी दिये जाने से बचाने के लिए कुछ नहीं किया : वायसराय इरविन से गाँधी की बातचीत और उन्हें फाँसी न देने के पत्र रिकार्ड पर हैं। गाँधी ने वह सब किया जो वे कर सकते थे। अशोक ने यह उचित प्रतिप्रश्न किया है कि इस सिलसिले में सावरकर, श्यामाप्रसाद मुखर्जी, गोलवलकर, हेडगेवार, केतकर, मुंजे आदि नेताओं में से किसी ने न कोई बयान दिया, न कोई पत्र लिखा, न कोई प्रदर्शन ही क्यों नहीं किया?

इस दुष्प्रचार का भी अशोक ने खण्डन किया है कि गाँधी जी का अन्तिम उपवास, जिसकी घोषणा 12 जनवरी 1948 को की गयी थी और जो 18 जनवरी को समाप्त हुआ, जब सभी धर्मों के प्रतिनिधियों ने दिल्ली में हिंसा रोक देने के शपथ पत्र पर हस्ताक्षर किये, उसका पाकिस्तान को 55 करोड़ रुपये न देने से कोई सम्बन्ध था। अनशन शुरू होने से पहले 12 जनवरी की प्रार्थना सभा में जो घोषणा की गयी उसमें इसका कोई ज़िक्र नहीं है। उस समय तो गाँधी जी ने उपवास का कारण सीमा के दोनों तरफ़ जारी हिंसा बताते हुए कहा था : 'अगर पाकिस्तान में दुनिया के सब धर्मों के लोगों को समान हक़ न मिले, उनकी जान और माल सुरक्षित न रहे और भारत भी उसी की नक़ल करे तो दोनों का नाश सुनिश्चित है।' भारतीय कैबिनेट 55 करोड़ रुपये देने का निर्णय 15 जनवरी को ले चुका था पर गाँधी जी का उपवास उससे अप्रभावित-असम्बद्ध 18 जनवरी को टूटा।

विभाजन के बारे में गाँधी जी की ज़िम्मेदारी को लेकर विवेचन कर बताया गया है कि 'कहीं एक उदाहरण नहीं दिया जा सकता जहाँ गाँधी ने विभाजन पर आगे बढ़कर सहमति दी हो।' संघ के विचारक रहे एस वी शेषाद्रि ने भी इस तथ्य की पुष्टि की है कि ''गाँधी ने विभाजन रोकने की पूरी कोशिश की थी लेकिन पटेल और नेहरू लीग के साथ मन्त्रिमण्डल के भयावह अनुभवों से अब उम्मीद छोड़ चुके थे।'' यह भी स्पष्ट किया गया है कि भारत छोड़ो आन्दोलन के दमन में श्यामाप्रसाद मुखर्जी से लेकर हिन्दू महासभा के तमाम नेता शामिल थे। गाँधी के ख़िलाफ़ अँग्रेज़ों और मुस्लिम लीग के साथ हिन्दू महासभा खड़ी थी। स्वयं डॉ. अम्बेडकर ने एक पत्र में अपनी भावी पत्नी को लिखा था '... यह बात सुनने में भले ही विचित्र लगे लेकिन एक राष्ट्र बनाम दो राष्ट्र के प्रश्न पर माननीय सावरकर और जिन्ना साहब के विचार परस्पर विरोधी होने के बजाय एक-दूसरे से पूरी तरह मेल खाते हैं।' कपूर आयोग ने जब समूचे साक्ष्य के आधार पर सावरकर को गाँधी-हत्या के लिए ज़िम्मेदार ठहराते हुए रिपोर्ट दी, तब तक सावरकर दिवंगत हो चुके थे।

पुस्तक के अन्त में अशोक कहते हैं : '... देवता कोई नहीं होता। आज़ादी की लड़ाई में शामिल कौन था जिससे ग़लतियाँ नहीं हुईं। अगर क्रूर होकर देखें तो भगत सिंह का क्रान्तिकारी आन्दोलन उनके अपने साथियों की गद्दारी के चलते नष्ट हो गया। सुभाष की जल्दीबाज़ी ने आज़ाद हिन्द फ़ौज का सपना ध्वस्त कर दिया। गाँधी की उम्र भर की अहिंसा उस समय क्षतिग्रस्त हुई जब उनकी मौत के बाद उनके अनुयायियों ने महाराष्ट्र में ब्राह्मणों के ख़िलाफ़ हिंसा की।...राष्ट्रीय मुक्ति-संग्राम की अलग-अलग धाराओं से मिलकर हमारे भारत का महान् विचार जिसमें सर्वधर्मसमभाव, जातिवाद उन्मूलन और लोकतन्त्र का वह महान् स्वप्न विकसित हुआ जो हमारे संविधान में परिलक्षित है। गाँधी के हत्यारे इन सब मूल्यों का प्रतिपक्ष रचते हैं। उनके विरुद्ध दक्षिणपन्थ की नफ़रत स्वाभाविक रूप से उस कायरता से उपजती है जिसके कारण वे अँग्रेज़ी साम्राज्य का प्रतिपक्ष नहीं रच सके।

22 अक्टूबर 2020

जीने का साहस

कोरोना महामारी ने सारी दुनिया के सामने जो तरह-तरह के संकट पैदा किये हैं उनमें से शायद एक यह भी है कि इस महामारी ने जीवन और मृत्यु, उनके आशय, अर्थ और गरिमा से सम्बन्धित जो यक्षप्रश्न उठाये हैं उन पर कोई व्यवस्थित और गम्भीर चिन्तन बहुत कम हुआ है। इस सन्दर्भ में मेरे ईरानी दार्शनिक-मित्र रामिन जहाँबेगलू की नयी पुस्तक 'द करेज टु एग्जिस्ट' (ओरिएण्ट ब्लैकस्वान) बहुत प्रासंगिक और सामयिक है। रामिन संसार से उदासीन या उसके वर्तमान से निस्संग दार्शनिक नहीं हैं। वे राजनीतिक घटनाओं और वृत्तियों पर लगातार अख़बारों में लिखते रहे हैं। उनका दर्शन भी इसी तरह अपने समय के संसार और उसकी गहरी समस्याओं को समझने में व्यस्त दर्शन है। यह नयी पुस्तक 'कोरोना काल में जीवन और मृत्यु का एक दर्शन' प्रस्तावित करती है। उनका मत है कि इस महामारी ने हमें एक ख़तरनाक उपहार दिया है कि हम जीवन और मृत्यु के बारे में अपनी दृष्टि बदल सकते हैं। उनके अनुसार ऐसे भयावह समय में भी हमें अतीत के अपने चिन्तक-मूर्धन्य ऐसी दृष्टि विन्यस्त करने में बहुत मददगार हैं। वे स्वयं अरस्तू, प्लेटो, पास्काल, शोपेनहावर, नीत्शे, फ्रायड, आलबेयर काम्यू, सिमों द बुवा जैसे चिन्तकों से लेकर थोरो, गाँधी, मार्टिन लूथर किंग आदि की धारणाओं से अपना दर्शन बुनते हैं। उनका विश्वास है कि कवि-चिन्तक भी हमारे बहुत काम के हैं और उन्होंने पुस्तक के आरम्भ में ही फ्रेंच कवि जाक प्रिवेर की ये पंक्तियाँ उद्धृत की हैं : 'और हम नहीं जानते कि जीवन क्या है/और हम नहीं जानते कि दिन क्या हैं/ और हम नहीं जानते कि प्रेम क्या है।'

हालाँकि बहुत सारी अपेक्षाएँ जो रामिन हमसे करते हैं वे उदात्त आदर्श लगती हैं, उनका दर्शन किसी यूटोपिया से ग्रस्त नहीं है : वे अर्थ की खोज 'यहाँ और अभी' करते हैं। उनके लिए जीवन उम्मीद, ज़िम्मेदारी और सच में बद्धमूल है। वे गाँधी की इस अन्तर्दृष्टि की ताईद करते हैं कि सामाजिक जीवन में अन्ततः खरापन या वैधता राजनीतिक नहीं, नैतिक होते हैं। गाँधी के हवाले से वे इस पर इसरार करते हैं कि सत्य की खोज और 'अन्य से प्रेम' ऐसे हैं जिनसे ऐसा सार्थक जीवन हो सकता है जिसमें अन्य जीवनों की अन्तर्ध्वनि भी हो। वही जीवन सच्चा है जिसमें सहानुभूति, करुणा और सहवेदना की जगह हो। वे मार्टिन लूथर किंग को उद्धृत कर कहते हैं कि 'प्रेम ज़िम्मेदारी है कि सभी के लिए जीवन बेहतर बनाने के लिए कोशिश की जाये।'

आधुनिक सभ्यता द्वारा सफलता को एक मूल्य का दर्ज़ा दिया जाने का रामिन सख़्ती से विरोध करते हैं क्योंकि सफलता की अन्धी दौड़ ने जीवन को अर्थशून्य कर दिया है। एक ऐसे समय में, जिसमें मृत्यु सिर्फ़ आँकड़ा बन कर रह गयी है, रामिन का आग्रह है कि दूसरों के लिए यातना सहने, सहवेदना से करुणा पर आधारित समाज बनाने से, मृत्यु में गरिमा वापस आ सकती है। यह सहवेदना हमें जीवन से प्यार करना सिखाती है और मृत्यु को अपमान से मुक्त करती है।

रामिन के दर्शन का एक ज़रूरी हिस्सा प्रतिरोध है। वे मतभेद और विरोध को सर्जनात्मक प्रतिरोध का दर्ज़ा देते हैं और इस बात का ज़िक्र करते हैं कि तथाकथित उदार लोकतन्त्रों में भी प्रतिरोध को दबाने-कुचलने का दुश्चक्र चल रहा है। काम्यू ने प्लेग को 'मृत्यु की हिंसा' का एक प्रकार माना था। महामारी हमें जीवन की निरर्थकता का सामना करने पर मजबूर करती है। उनका एक चरित्र पादरी से कहता है कि 'मेरे नज़दीक प्रेम का एक भिन्न विचार है। मैं मरते दम तक ऐसे किसी उपक्रम को प्यार नहीं कर सकता जिसमें बच्चों को यन्त्रणा दी जाती हो।' चैक दार्शनिक यान पैटोच्का के हवाले से वे प्रतिपादित करते हैं कि आत्मबलिदान और आत्मयातना के अनुभव से प्रतिरोधी असहमत लोग विचलित लोगों की समभावी बिरादरी बनाते हैं। नैतिकता ईश्वर ने नहीं बनायी है : वह मनुष्य की निर्मिति है। लेकिन सारी मानवता के लिए समान नैतिकता, जो सभी मनुष्यों के लिए,

सभी समयों में, बिना किसी शर्त और सारी परिस्थितियों से मुक्त, समान और वैध हो। ऐसी मानवता ही मृत्यु के भय से मुक्त कर हमें जीवन की नयी परिभाषा दे सकती है।

रामिन को इस बात का तीख़ा अहसास है कि कोरोना वायरस प्रकोप मनुष्यता की ग़लतियों और अहंकार का प्रतिफल है और हमें यह अवसर देता है कि हम मनुष्य की ज़रूरतों और इच्छाओं की सीमाएँ पहचानें। वे साफ़ कहते हैं : 'महामारी और संसार के बहुसंख्यक नेताओं द्वारा उसका कुप्रबन्धन इसी नैतिक विफलता की अभिव्यक्ति है।' उनका मत है कि आज संसार नैतिक नेतृत्व से वंचित है। संसार की राजनीतिक व्यवस्थाएँ लगातार निर्मम और अनुत्तरदायी होती जा रही हैं और उनकी जवाबदेही की माँग करनेवाली नागरिकता साँसत में है। ऐसे में व्यक्तिगत आचरण और सामूहिक समभावी प्रतिरोध अलग-अलग कर्म नहीं हैं : वे एक ही तरह का नैतिक हस्तक्षेप हैं। राज्य जब अपनी मानवीय और सामाजिक ज़िम्मेदारी से मुकरने लगे तो मुखर-सक्रिय नागरिकों की निःस्वार्थ बिरादरी ही उसे, उसके सोये लोकतान्त्रिक अन्तःकरण को जगा सकती है। यह सफलता का नहीं, सार्थकता का आयाम है जो जीवन को फिर अर्थ से भर और समृद्ध कर सकता है। यह सजग नागरिकता अपने अधिकारों पर उतना आग्रह नहीं करेगी जितना अपनी ज़िम्मेदारियों पर। जब लाखों प्रवासी लोग बड़े शहरों से, अचानक बिना किसी पूर्व सूचना के लागू कर दिये गये लॉकडाउन के दौरान, सड़कों पर चलकर सैकड़ों मीटर की दूरियाँ, निहायत दारुण हालत में पार कर रहे थे तो हमारा लोकतान्त्रिक राज्य निर्लज्ज निर्ममता से, उन्हें कोई कारगर सहायता फ़ौरन पहुँचाने के अपने कर्तव्य से चूकता रहा। तब साधारण नागरिकों के कई समूहों ने इन अभागों की मदद की। यह समभावना और सहवेदना की नागरिक बिरादरी बनने का ऐतिहासिक क्षण था। जहाँ राज्य जानबूझकर विफल था वहाँ नागरिकता स्वतः स्फूर्त ढंग से नैतिक रूप से सफल हुई, भले पूरी तरह नहीं। इस पुस्तक का एक सन्देश यह भी है कि हम व्यक्तिगत और सामुदायिक दोनों ही स्तरों पर परिवर्तन और सार्थकता ला सकने की उम्मीद छोड़ नहीं सकते। हम अकेले और मिलकर अब भी, जहाँ हैं वहाँ, उम्मीद का स्थापत्य गढ़ सकते हैं।

गद्य में कविता

कविता में गद्य की घुसपैठ का ज़िक्र होता रहा है, प्रायः निन्दा के भाव से जबकि गद्यधर्मी उल्लेखनीय कविता लिखी गयी है और स्वयं गद्य कविता की हिन्दी में पिछले पाँचेक दशकों में एक सशक्त धारा रही है। इस धारा के कवियों पर आलोचना ने ज़्यादा ध्यान नहीं दिया है जिसे समझ पाना कठिन है। बहुत साल पहले एक बार नामवर सिंह से हिन्दी में ऐसे गद्य की चर्चा अनायास हो रही थी कि गद्य में कहाँ वह कविता जैसा लगने लगता है। तब यह भी सोचा था कि इसका एक संचयन तैयार किया जाये पर वह हो नहीं पाया। बहरहाल, उस शाम हम लोगों ने ऐसे गद्यांशों के बारे में सरसरी तौर पर सोचा जिसे कविता का दर्ज़ा दिया जा सके।

शुरू किया था बालमुकुन्द गुप्त और प्रताप नारायण मिश्र के गद्य से। फिर प्रेमचन्द की दो कहानियाँ 'कफ़न' और 'पूस की रात' याद आयीं। जैनेन्द्र कुमार और अज्ञेय के यहाँ भी ऐसे अंश मिलते हैं। रेणु, निर्मल वर्मा, कृष्ण बलदेव वैद, कृष्णा सोबती, विनोद कुमार शुक्ल के यहाँ ऐसे बहुत सारे अंश मिल जायेंगे जो काव्यात्मक हैं। अश्क, अमृतलाल नागर, हजारीप्रसाद द्विवेदी, ज्ञानरंजन, अमरकान्त, मार्कण्डेय, शेखर जोशी शैलेश मटियानी, शानी, असग़र वज़ाहत, आदि के गद्य में। शिवानी, मृदुला गर्ग, ज्योत्स्ना मिलन, मृणाल पाण्डे, अनामिका आदि में भी। श्रीकान्त वर्मा, मनोहर श्याम जोशी, रघुवीर सहाय, सर्वेश्वर दयाल सक्सेना, कुँवर नारायण, धर्मवीर भारती के यहाँ निश्चय ही क्योंकि ये सभी कथाकार के अलावा कवि भी थे।

इस सिलसिले में यह याद रखना ज़रूरी है कि गद्य की भी अपनी लय होती है : वह उसके कथ्य का नहीं, शिल्प का अंग होती है। प्रायः सभी बड़े कथाकार वे होते हैं जिनके गद्य में ऐसी लय रूपाकृत होती है और वह उनके गद्य से मिलनेवाले आनन्द के लिए अनिवार्य कारक होती है। यह कहते हुए मुझे यह पूरा ख़याल है कि आजकल साहित्य से आनन्द की बात करना थोड़ा पिछड़ा होना है। पर सच तो यह है कि आज का साहित्य हमें विचलित करता है पर आनन्द भी देता है। हम साहित्य सिर्फ़ सचाई को जानने-समझने भर के लिए नहीं पढ़ते, हम उसकी निर्ममता और क्रूरता से कुछ मानवीय राहत पाने के लिए भी साहित्य पढ़ते हैं।

बहरहाल, किसी युवा मित्र को गद्य के कविता का एक छोटा-सा सही सुशोधित और सुविचारित संचयन करना चाहिए। मेरा क़यास है कि लगभग सौ पृष्ठों की सामग्री तो निकल ही आयेगी। जिन नये कहानीकारों विशेषतः राजेन्द्र यादव और कमलेश्वर ने कथा और कविता के स्वाभाविक और लम्बे सम्बन्ध और सहकार की समझ भोंथरी कर दी है उसे फिर से दृश्य पर लाने का यह अच्छा अवसर हो सकता है। ऐसे किसी भी संचयन को बाद के युवा लेखकों को भी शामिल करना चाहिए ताकि यह भी साक्ष्य मिल सके कि गद्य और कविता का सम्बन्ध हमारे यहाँ अटूट रहा आया है। परस्पर आदान-प्रदान दोनों को समृद्ध करता रहा है। आज भी युवा पीढ़ियों के यहाँ कर रहा है।

31 अक्टूबर 2020